# Du sollst keine anderen Götter neben dir haben

Jakob Bösch

# Du sollst keine anderen Götter neben dir haben

## Spiritueller Atheismus statt Erleuchtungsstress

AT Verlag

*Meiner Frau Nina mit großem Dank für ihre Liebe und Fürsorge.*


AT Verlag, Aarau und München
Lektorat: Ralf Lay, Mönchengladbach
Druck und Bindearbeiten: Kösel, Krugzell
Printed in Germany

ISBN 978-3-03800-520-9

www.at-verlag.ch

# Inhalt

# Vorwort

Ein Vorwort ist eine überflüssige Zeitverschwendung für Schreiber und Leser, lernte ich in meiner Jugend. Doch nicht alles, was einmal richtig war, bleibt gültig. Für vieles in unserem Leben gibt es ein Verfalldatum. Und Lebewesen sterben aus. Das ist mit den Dinosauriern geschehen. Sie sind ein Symbol für manches, was über Jahrtausende bis Jahrmillionen mächtig und dominant war und schließlich untergehen musste, weil die Bedingungen sich geändert haben.

Auch Ideen und Überzeugungen verlieren unter veränderten Voraussetzungen oft ihre Gültigkeit. So wurde der patriarchale Schöpfer- und Herrschergott, wie er rechts oben auf dem Umschlag dieses Buches zu sehen ist, zu einem geistigen »Dino«. Seine Zeit ist abgelaufen, was entsprechend auch für die anderen Religionen gilt. Er ist nicht allein. Der irdische Dinosaurier leistet ihm Gesellschaft. Die Sternhaufen oder Galaxien, die ebenso diesen irdischen Dinosaurier tragen und erleuchten, liebe ich besonders. Saurier und Galaxien erinnern an die Entstehung des Universums und an die Evolution des irdischen Lebens. Vorgänge, über die man in göttliches Staunen geraten kann.

»Du sollst keine anderen Götter neben dir haben«: Ist der Mensch ein Gott? Spiritueller Atheismus, ist das nicht ein Widerspruch? Es soll mindestens viertausend verschiedene Religionen geben auf dem Globus und vermutlich etwa ebenso viele verschiedene Götter. Wenn Sie einen Gott anerkennen oder wenigstens für möglich halten, so sind Sie trotzdem Atheist gegenüber mehr als 99,9 Prozent aller anderen von Menschen verehrten und angebeteten Götter. Und fast möchte man sagen, die Götter seien ja auch nur Menschen. Es ist verständlich, dass sie und ihre Anhänger rivalisieren, sich gegeneinander abgrenzen, eine eigene Identität verteidigen und manchmal sogar die Macht übernehmen möchten mit allerhand Regeln und Geboten. Das ist gar nicht so einfach: gegenüber mehr als viertausend anderen eine eigene Identität definieren und verteidigen – eine anerkennenswerte Leistung!

Doch sie ist nicht mehr hilfreich für die anstehenden Schritte der weiteren globalen Vernetzung und Zusammenarbeit der Menschen. Wir haben große Probleme mit diesen verschiedenen göttlichen Identitäten und ihren übereifrigen Anhängern. Wenn Sie sich und alles andere aber als göttlich sehen können, so wie ich Sie, mich und alles andere als göttlich sehe, beleidigen Sie direkt keinen der viertausend. Mit dieser geistigen Freiheit können wir uns aktiv für die weiteren Schritte der weltweiten Verständigung und Solidarisierung und für die weiteren Schritte der Evolution einsetzen. Das wird gewaltige, segensreiche Kräfte frei machen. Und genau das verstehe ich unter spirituellem Atheismus.

Aber hoffentlich sind Sie jetzt gespannt, verschiedene Aspekte davon im Buch kennenzulernen. Dazu wünsche ich anhaltenden Lesespaß!

Jakob Bösch,
im Januar 2010

# Abschied vom Allmächtigen

Eine mir bekannte Therapeutin konnte einem Primarschüler mit Verhaltensstörungen wirksam helfen, nachdem sie seine vielen Ideen und Zeichnungen von Maschinen ernst genommen hatte, mit denen er sich selbst und die Umgebung zu steuern vermochte. Verwirrung und Chaos in seinem Leben nahmen markant ab. Die Therapeutin erzählte ihm auch von verschiedenen parallelen Universen, wie sie heute von manchen Quantenphysikern postuliert werden. Der Junge begann mit Begeisterung allerhand Universen zu erfinden, zu zeichnen und auszuschmücken. Schließlich zeichnete er sich als Herrn über alle diese von ihm erfundenen Welten. Die Therapeutin, in Angst vor einem allmächtigen und strafenden Gott erzogen, geriet in Panik und versuchte ihm klarzumachen, dass über ihm noch eine mächtigere Instanz herrsche. Damit hatte sie ihn verloren. Er weigerte sich definitiv, noch weiter in die Therapie zu kommen. Seine Kreativität war blockiert.

Dieser Junge symbolisiert den modernen Menschen, der unablässig neue Welten oder, wenn man es lieber will, eine neue Welt kreiert. Unsere heutige Welt ist durch und durch von uns, von unserer Neugierde und Kreativität geprägt. Und wir sind in einem Maße verpflichtet, sie zu steuern und für sie Verantwortung zu übernehmen, wie es in der von uns überblickbaren Zeit vorher nie möglich und notwendig war. Die in uns unablässig wirkende, uns zur Verfügung stehende göttliche Schöpferkraft war nie so sichtbar wie heute. So wird jeder Mensch mit seiner Gottähnlichkeit konfrontiert, ob er will oder nicht.

Diese Freiheit kann man als Geschenk empfinden oder sich dazu verurteilt fühlen. Doch die Therapeutin symbolisiert den anderen Teil unseres modernen Menschseins: die Angst vor dem allmächtigen Gott und die Angst vor dem Leben, die in den meisten von uns steckt. Die zwar im alltäglichen Leben vieler Menschen keine unmittelbar sichtbare Rolle mehr spielt, aber doch die Hauptquelle für Intoleranz und Herrschsucht zu sein scheint. Bei wichtigen Weichenstellungen in unserem Lebenslauf spüren wir diese Angst. Sie wird mit Symbolen und symbolischen Handlungen, die in unser Leben eingestreut sind, einigermaßen in Schach gehalten. Doch das ist nicht ein Hauptthema dieses Buches. Deshalb soll nur ein Beispiel meine Aussage illustrieren. Es betrifft den Umgang, den wir mit den sterblichen Überresten unserer Angehörigen und Mitmenschen pflegen.

Die meisten Zeitgenossen in unseren Zonen leben ohne Probleme mit Angehörigen verschiedenster Religionen zusammen. Man kann in der gleichen Straße, im gleichen Haus wohnen, zusammen arbeiten, in die Schule gehen, sogar gemeinsam besondere Ereignisse feiern wie Neujahr oder den Nationalfeiertag. Wenn es hingegen um die sogenannte letzte Ruhe geht, drückt plötzlich die Angst wieder durch. Ein Katholik darf nicht zwischen Protestanten beerdigt sein, ein Jude nicht zwischen Christen. Ein Muslim darf nur in Erde begraben werden, die noch nie zuvor von der Leiche eines »Ungläubigen« verunreinigt wurde.

Dies ist in den meisten Fällen durchaus lösbar und hat auch eine folkloristische und kulturhistorisch interessante Seite. Mit Neugierde, manchmal etwas Befremden oder gar Gruseln können wir die Friedhöfe der Anders- oder »Ungläubigen« besuchen, ihre fremdartigen Grabmäler besichtigen oder sogar an den uns unbekannten Riten teilnehmen. Wie erwähnt, das Problem ist relativ harmlos. Es zeigt uns aber besonders deutlich die irrationale Angst, die mit unseren traditionellen Religionen fast unlösbar verbunden ist. Und diese Angst, ist letztlich wirksam, wenn es um Intoleranz, Herrschsucht, Unversöhnlichkeit und Gewalt geht. Solche Probleme sind leider nicht mehr harmlos. Sie greifen tief in unser Zusammenleben in der globalisierten Welt und in der multikulturellen und -religiösen Gesellschaft ein.

Der Effekt ist zumeist der gleiche wie in der Beziehung zwischen der erwähnten Therapeutin und dem Jungen. Man verliert letztlich den Mitmenschen. Er zieht sich zurück, verliert das Vertrauen und verschließt sich. Diese Therapeutin dachte sich weitgehend von ihrer anerzogenen Religion der Angst und der vielen unverständlichen Vorschriften befreit und befasste sich mit modernsten Konzepten der Welterklärung. Doch in einem entscheidenden Augenblick wurde sie instinktiv von der alten Angst erfasst. Ihre Reaktion der gutgemeinten Einschüchterung des Jungen zerstörte sein Vertrauen.

Wenn Sie sich in der Welt umschauen, werden Sie an vielen Orten die Auswirkungen dieser alten Angst bemerken können. Mögen Sie gleich einen kleinen Test machen? Können Sie sich vorstellen, Sie beziehungsweise Ihre Leiche sei zwischen Christen, zwischen Juden, Muslimen und so weiter begraben? Wenn Ihnen das angstfrei und entspannt gelingt, haben Sie schon einen guten Schritt getan in Richtung Angstfreiheit und Toleranz. Wollen Sie noch weiter gehen? Stellen Sie sich konkret vor, Sie würden nach jüdischem, christlichem, buddhistischem, islamischem, hinduistischem oder »atheistischem« Ritual beerdigt, verbrannt oder einbalsamiert und Sie landeten im entsprechenden nachtodlichen Bewusstsein oder Nicht-Bewusstsein. Wenn Ihnen auch das angstfrei gelingt, haben Sie auf der zehnstufigen kosmischen Vertrauensskala mindestens Punkt acht erreicht und dürfen sich »Meister der Toleranz« nennen …

Ich war im Alter des genannten Jungen leidenschaftlich bemüht, grenzenlos fromm zu sein. Dies bedeutete für mich vor allem, ein reines Herz zu haben und alle Gebote einzuhalten, wie sie uns von Gott und seinem Sohn überliefert seien. Ich war überzeugt, Gott lenke unser Leben und trage alle Verantwortung für die großen Ereignisse von der Geburt bis zum Tod. Er konnte, wie verheißen, ein Volk sich über die ganze Erde ausbreiten lassen, es auslöschen wie die Bewohner von Sodom und Gomorrha oder sie feindlichen Schlächtern in die Hand geben, wie die Menschen von Jericho den Israeliten von Gott zur Ausrottung in die Hände gegeben wurden. Er trug also die Verantwortung, wie die Welt sich entwickelte. Wir hatten nur fromm zu sein und seine Gebote zu befolgen. Würden wir das tun, bekämen wir schon auf Erden unsere Belohnung. Vor allem aber winkte uns die Aussicht, auserwählt zu sein und in alle Ewigkeit in der Nähe seines himmlischen Thrones zu leben.

Bereits zu jener Zeit beschäftigte mich allerdings die seltsame Botschaft, nur 144 000 seien auserwählt und nur diese Auserwählten säßen mit Christus um den sonnenhellen Doppelthron von Vater und Sohn. Niemand von den nicht christlich Getauften hätte eine Chance, zu diesen 144 000 zu gehören. Je mehr sich mein Sinn für Gerechtigkeit und Fairness entwickelte, umso mehr wurde der Gedanke, alle anderen Menschen und auch die zu wenig frommen Christen hätten in Ewigkeit keine Chance, so unerträglich, dass ich das ganze Lehrgebäude mit den vielen Unstimmigkeiten mehr und mehr infrage stellte. Diesem Gott schien auch jedes Mittel recht zu sein, um seinen Willen durchzusetzen. Nach den Mythen des Alten Testaments gab es jenen einen Gott, der die ganze Welt erschuf. Er bedrohte Adam und Eva mit dem Tod, wenn sie im Paradies einen Apfel vom Baum der Erkenntnis äßen. Der Teufel in Gestalt einer Schlange sagte ihnen, sie würden nicht sterben. Eva übernahm die Initiative, kostete vom Paradiesbaum und motivierte auch Adam dazu. Sie starben nicht und wurden gottähnlich mit ihrer erkennenden Vernunft.

Gott war der Blamierte und reagierte gewalttätig, als er der Täuschung überführt worden war. Nicht nur kündigte er den von ihm erschaffenen Menschen diskussionslos das Paradies. Er schickte der armen Eva auch noch Verwünschungen hinterher, sie solle bei allen Geburten ihrer Kinder Schmerzen haben. Luzifer, was übersetzt so viel wie »Lichtbringer« heißt, aber lag richtig mit der Prognose, sie würden nicht sterben, und konnte seine Stellung bis zur Marktführerschaft ausbauen und bis heute behaupten. Zum Glück, was hätten wir nur ohne das Licht der Erkenntnis gemacht? Wer aber vermag wirklich zu wissen, wo Lüge, Täuschung oder Irrtum und wo Wahrheit ist, wenn man nicht einmal dem mächtigen Gott vertrauen kann?

In meinem letzten Buch habe ich ausgeführt, dass es eine absolute Wahrheit nicht gibt. Es ist aber eine weise Erfindung der Natur, dass wir alle überzeugt sind, unsere Wahrheit sei mindestens ein bisschen wahrer als die aller anderen. Gäbe es diese Überzeugung nicht, wäre die Evolution wahrscheinlich nicht vorangekommen. Der Kampf und die Fürsorge für das biologische Überleben des Individuums sowie der Gruppe oder Lebensgemeinschaft bis hin zur eigenen Rasse gegenüber anderen Individuen, Lebensgemeinschaften oder Rassen ist biologisch gut verankert in uns. Die Überzeugung von der »wahreren Wahrheit« der eigenen Sichtweise und Existenz bewirkt ebenso den Kampf und die Fürsorge für die eigenen Ideen und Glaubenssätze gegenüber allen anderen.

Ihnen aber empfehle ich, nicht nach der »wahren Wahrheit« zu suchen, sondern sich zu fragen, ob die von Ihnen geliebte Wahrheit nützlich und wohltuend ist und niemandem schadet.

Verschiedene solcher wohltuenden Wahrheiten bezüglich Schöpfungsmythen habe ich bei Silvia Wallimann gefunden. Vor etwa fünfzehn Jahren entdeckte ich ihr Buch »Erwache in Gott«. Es ist bis heute eines meiner wichtigsten Bücher geblieben. Es soll aus höheren Bewusstseinsebenen gechannelt sein. Wie das genau geht, weiß ich nicht. Ob es durch Intuition, durch Nachdenken oder durch Channeling entstanden ist, ist nicht wichtig. Und nochmals sei betont: Ich betrachte die für mich gefundenen, wohltuenden Wahrheiten nicht als »*die* Wahrheit«, sondern nur als ein bisschen wahrer als die aller anderen! Wie in der Naturwissenschaft sehe ich sie als Erklärungshypothesen oder als Mythen, die unsere Vorstellungskraft leiten und anregen. Sie haben für mich so lange Gültigkeit und können meine Handlungen beeinflussen, bis sie durch besser passende oder eben wohltuendere Wahrheiten, sprich Erklärungshypothesen, ersetzt sind.

Der Inhalt von »Erwache in Gott« ist für mich über weite Strecken befreiend. Unter der Kapitelüberschrift »Die Schöpfung« findet sich eine poetische Beschreibung über die Entstehung der Welt, die mich fasziniert und die ich deshalb für mich als temporär mögliche Wahrheit adoptiert habe. Ich will sie Ihnen daher nicht vorenthalten: »In dieser Zeit … vermitteln wir … euch immer nachdrücklicher die Botschaft, dass ihr in Wahrheit Götter seid … So hast auch du, aus Geist geschaffen, als Gott geboren, göttlich mitgewirkt am Plan der ganzen Schöpfung. Wir gemeinsam entwarfen in Wellen schöpferischer Freude Formen und Farben von grenzenloser Mannigfaltigkeit und Schönheit. Wir ersannen geistige Reiche, Dimensionen des Lichtes, schufen Planeten, Sonnen und Galaxien, das Universum.«

Diese Gedanken sind schön und befreiend, schaden niemandem und lassen sich weitgehend und zwanglos mit den Erkenntnissen der Evolutionsforschung vereinbaren. Und wichtig: Sie behindern nicht die naturwissenschaftliche Forschung, die größte spirituelle Errungenschaft der modernen Zeit. Ist unser Bewusstsein denn nicht voller Kreativität, voller Neugierde, voller Schöpfungs- und Schaffensfreude und die Mutter von Wissenschaften und Technik? Und die Schöpfungen der modernen Technik bilden die Fortsetzung unseres schöpferischen Potenzials, das Andauern unserer Freude am schöpferischen Prozess, der die Evolution voranbringt.

Der Gott im Paradies wollte mit seiner Todesdrohung gegenüber Adam und Eva verhindern, dass wir gottähnlich würden. Das misslang. Wir sind gottähnlich geworden, und dies wird uns immer klarer. Das können auch Drohungen nicht mehr verhindern. Die moderne Wissenschaft macht uns immer mehr zu Herren über Leben, Tod und Evolution. Selbst einfache Menschen kommen heute nicht mehr darum herum zu entscheiden, ob sie neues Leben in sich entstehen lassen wollen, ob sie es doch noch verhindern, wenn es bereits angefangen hat zu wachsen. Wir können neue Pflanzen und Tiere schaffen, Energie erzeugen, wie es über Jahrtausende nur dem großen Gott zugetraut worden ist. Und auch die Ausstattung des entstehenden Menschen mit bestimmten Eigenschaften ist als Möglichkeit nahe. Gott im Paradies erzeugte Eva aus einer Rippe des Adam. Wir können bald einen genetisch identischen Nachkommen oder mehrere aus je einer einzigen Zelle erzeugen. Und wir sind immer mehr diejenigen, die bestimmen, was Wahrheit ist. Da ist es nicht erstaunlich, dass manche gelegentlich Angst vor diesen Möglichkeiten bekommen und das als Hybris sehen, das heißt als luziferischen Hochmut.

Dr. Thomas Domanyi, Professor für Sozialtheologie und Ethik, wirft schwerwiegende Fragen auf, wenn er behauptet, wir hätten die von Gott gezogenen Grenzen nicht eingehalten. Hätten wir diese Grenzen respektiert, so würden wir in Übereinstimmung mit dem Willen des Schöpfers leben und befänden uns in Harmonie mit der Schöpfung. Ich habe aber von solchen Kritikern unserer technischen Evolution bisher keine konkrete Antwort darauf bekommen, wo wir hätten Halt machen sollen: bei den Pfahlbauern, beim Ötzi oder bei der Tradition der Aborigines in Australien, die offenbar über Jahrtausende auf ihrem Kulturstand geblieben sind? Oder hätten uns die alten Chinesen die von Gott gezogenen Grenzen gezeigt? Hätten wir bei der Dampfmaschine einhalten müssen oder bei den Satelliten? Vielleicht wurden Gottes Grenzen sogar schon vor vierzigtausend Jahren beim sogenannten großen Sprung überschritten, als die damaligen Menschen nach einer Million Jahren Entwicklungsstillstand plötzlich Malereien, Schnitzereien und sogar Flöten aus Knochen schufen und die Verstorbenen mit Grabbeigaben versahen. Wo hat diese Gottperson, die sich mir nie in dieser Art zu erkennen gegeben hat, die Grenzen gezogen, die wir hätten respektieren sollen? Das Denken, das in der Behauptung von Professor Domanyi durchkommt, ist der Mythos des alttestamentlichen Sündenfalls in moderner Fassung.

Doch zurück zur Frage der Wahrheit. Wie es zu dieser Überzeugung kam, unsere Wahrheit sei immer etwas wahrer als die der anderen, scheint bis heute noch nicht erkannt zu sein. Immerhin sind wir schon biologisch einmalig, wie wir von der DNA, dem Immunsystem, aber auch vom Fingerabdruck wissen. Es ist ein kaum zu begreifendes Wunder, wie der Organismus Wege gefunden hat, Ihre und meine Einzigartigkeit zu bewahren, und wie hartnäckig das Immunsystem dieses Territorium unserer einmaligen biologischen Wahrheit verteidigt.

Die Idee der richtigeren oder sogar einzigen Wahrheit, über die wir zu verfügen glauben, hat bekanntermaßen ihre Schattenseiten. Sie hat auf der Ebene der Ideen und des Glaubens viel Indoktrination und gegenseitiges Abschlachten mit sich gebracht. Die wissenschaftliche Aufklärung der Programme und Mechanismen in uns, welche die Illusion bei uns erzeugen, die einzig richtige Wahrheit zu kennen, könnte helfen, viele vom Joch ihres überlieferten Glaubens und damit von der Intoleranz zu befreien.

Manche Menschen behaupten, wir hätten in den verschiedenen Religionen ja alle den gleichen Gott. Dafür sehe ich zu viele

Widersprüche. Wenn der jüdische, der christliche und der muslimische Gott der gleiche wäre, entsprechende Gebote erlassen hätte und auf deren Einhaltung mit teilweise drastischen Strafandrohungen bestünde, machte sich dieser Gott selbst lächerlich, indem er Gebote erlässt, die sich komplett widersprechen. Nehmen wir an, das Verschleierungsgebot sei wichtig und das Unterlassen ein Verstoß gegen eine Art göttliches Naturgesetz, dann gilt das beim gleichen Gott wohl für alle Frauen. Wie kann es da bei gläubigen Musliminnen »Toleranz« geben gegenüber den unverschleierten Christinnen oder Atheistinnen? Wenn aber die unverschleierten Christinnen auch in den Himmel kommen, warum sollten dann die Musliminnen bestraft werden, wenn sie sich nicht verschleiern? Warum sollte man die 631 Vorschriften aus dem Alten Testament für fromme Juden einhalten, falls das letztlich nicht seligkeitsentscheidend ist? Müssen beim gleichen Gott die Musliminnen in langen Röcken und mit Kopftuch Fußball spielen, und die Nichtmusliminnen dürfen das barhäuptig und in kurzen Hosen und T-Shirts tun? Müssen die Juden Hüte und Haarlocken tragen, und die Christen ohne diesen Schmuck kommen trotzdem in den Himmel? Könnte man so einen Gott wirklich ernst nehmen, der die Sport treibenden Musliminnen benachteiligt und den barhäuptigen Nichtjuden mit kahlgeschorenem Schädel doch noch ein Ticket für den Himmel ausstellt?

Noch eher nachvollziehbar werden diese Widersprüche, wenn wir annehmen, es gebe doch nicht einen allmächtigen Gott, der für alle Religionen zuständig ist, sondern es handle sich bei den Juden, Christen und Muslimen je um verschiedene Götter, die je eigene Vorschriften erlassen haben. Warum aber sollte es dann nicht unzählige andere gleichberechtigte Götter geben einschließlich eines Gottes für die Atheisten? Richard Dawkins hat genialerweise bemerkt, wir seien alle Atheisten in Bezug auf die meisten Götter, welche die Menschen haben und je gehabt hätten. Haben Sie sich einmal Folgendes klargemacht, was im Vorwort schon angesprochen wurde? Auch als vollkommen gläubiger Christ sind Sie »Atheist« im Hinblick auf alle anderen Götter. Und selbst wenn Sie die Existenz Allahs noch einräumen mögen, so missachten Sie als Christ oder Jude doch fast alle seine Gebote! Faktisch sind Sie eben ein »Ungläubiger«. Das Gleiche in umgekehrter Richtung gilt für Juden, Muslime und alle anderen Religionsanhänger. Es wird ja behauptet, es gäbe auf der Welt mindestens viertausend verschiedene Religionen beziehungsweise Konfessionen. Angenommen, zwei Drittel ließen sich größeren Glaubenstraditionen zuordnen, so blieben immer noch mehr als tausend verschiedene Richtungen. Da wäre es nur ein kleiner Schritt, nicht nur gegenüber 99,9 Prozent aller Götter Atheist zu sein, sondern das eine Promille der eigenen Gottesvorstellung dazuzunehmen und die 100 Prozent vollzumachen.

Welche Befreiung! Friede und Respekt würden vermutlich mächtig zunehmen und in dieser Hinsicht echte Toleranz zur Folge haben. Einem sogenannten Atheisten wird es vermutlich sogar leichter fallen, etwas Göttliches – beispielsweise gottähnliche Information und Bewusstsein – in allem zu sehen, was existiert. Es ist irrelevant, ob Sie denken, ein Gott sei in Ihnen als göttliche Kraft, oder ob Sie alles als ein Feld von Information und Licht sehen, wie es eher der naturwissenschaftlichen, sprich quantenphysikalischen Sicht entspricht. Selbst ein Gott außerhalb von Ihnen irgendwo im Kosmos ist tolerabel, sofern er sich mit Liebe identifiziert und weder Herrschaftsansprüche stellt noch den Menschen unsinnige Gebote und Verbote aufzwingen will.

Ich persönlich rate Ihnen, sich als göttlich zu sehen und keine anderen Götter neben sich zu haben! Bei einem Gott oder Göttern außerhalb von Ihnen gibt es immer das Problem der sich widersprechenden Richtlinien. Das erschwert die heute notwendige globale Verständigung ungemein! Und an die Vorschriften halten die Götter sich selbst nicht. Wie eingangs erwähnt wurde, begann im Schöpfungsmythos die Geschichte zwischen Gott und den Menschen mit einer als Drohung und Einschüchterung aufgebauten Täuschung vonseiten Gottes. Das hinderte ihn aber nicht daran, als eines der wichtigsten Gebote zu verkünden: »Du sollst kein falsches Zeugnis reden.« Zu seinen Gunsten können wir annehmen, er habe zwischen den beiden Ereignissen einen Reifeprozess durchgemacht.

Heutzutage machen die gewalttätigen Exzesse der verschiedenen Glaubensrichtungen die Sackgasse mit den unterschiedlichen Religionen mehr als je bewusst. In der Stadt Hebron soll nach traditioneller Überzeugung Abraham begraben sein, der Urvater von Juden, Christen und Muslimen. Dort leben Extremisten zweier Seiten nah und in erbitterter Feindschaft nebeneinander. Der zur Hamas gehörende Scheich Shafiq Kawasme kommentiert den Tod seines Sohnes, der bei der Explosion eines Sprengstoffgürtels starb, den er für ein Selbstmordattentat baute: »Mein Sohn starb, als er gegenüber seinem Volk und seiner Religion eine Pflicht erfüllte. Und das ist die beste Art, zu sterben.« Die jüdische Siedlerin Dalia Daniel lebt ebenfalls in Hebron, am anderen Ende der Stadt. Familie und Verwandte mussten im Zuge der Siedlungsräumung den Gazastreifen verlassen. Wie die meisten Siedler sieht sich die Familie als Werkzeug Gottes. Durch sie werde dessen Verheißung verwirklicht, das Heilige Land auf immer und ewig den Juden zu geben. Islamische Palästinenser wie jüdische Siedler sehen sich als die wahren Erben Abrahams, und an eine Versöhnung der zerstrittenen Nachkommen ist nicht zu denken. Beide Lager wollen einen religiösen Staat.

Die Idee, Gott wolle das »Heilige Land den Juden schenken«, grassiert beispielsweise auch in der Schweiz. Vor nicht allzu langer Zeit äußerte ein Politiker und seit kurzem Alt-Nationalrat, für ihn sei die Bibel vom ersten bis zum letzten Satz die Wahrheit. Hat er wohl je die Bücher Mosis gelesen mit den vielen Befehlen zu Genozid und Holocaust, auf die ich in einem späteren Kapitel näher eingehe? Bei uns hat die wohltätige Wirkung der Aufklärung im Gefolge der Naturwissenschaften auch die Religionen mildernd beeinflusst. Neue moralische und ethische Werte, die Menschenrechte und das Demokratieverständnis sind durch die sich mehr an der Menschenwelt orientierenden Wissenschaften entstanden und haben viel zur Befreiung von den alten Ketten beigetragen. Das Werk ist aber noch nicht vollbracht. Als eine Freidenkerorganisation in der Schweiz Anfang 2009 an öffentlichen Verkehrsmitteln die Werbebotschaft anbringen wollte, es gebe wahrscheinlich keinen Gott, wurde den zuständigen Behörden gedroht, die Busse würden in Brand gesetzt. Das mögen ein paar Extremisten gewesen sein. Es erinnert aber an die Kinoabfackelungen im letzten Jahrhundert, als ein jesuskritischer Film gezeigt wurde. Und weder Bischof, Pfarrer noch Kirchengemeinde oder Freikirche distanzierten sich von diesen Gewaltandrohungen und kämpften für das Recht auf freie Meinungsäußerung auch für die Freidenker. Soziologische Studien in der Bevölkerung haben gezeigt, dass religiöse Menschen intoleranter sind als nichtreligiöse. Wie könnte die destruktive Seite der religiösen Traditionen wirkungsvoller und schneller weltweit bewusst werden als durch Konflikte wie im Nahen Osten? Sie werden letztlich unsere weltlichen und demokratischen Ordnungen und die Menschenrechte stärken.

Gehören auch Sie zu den Menschen, die unter dem Motto »Glaubensfreiheit« fast absoluten Respekt gegenüber Glaubensgemeinschaften und entsprechende Toleranz fordern? Ich nicht! Es gilt das Recht auf freie Meinungsäußerung, solange keine Indoktrination und Androhung von irgendeiner Form von Gewalt und Repression im Diesseits wie im Jenseits damit verbunden ist. Das Erzeugen von Angst vor Fegefeuer, vor Hölle oder irdischer Strafe Gottes in Form von Krankheit oder Katastrophen wird aber immer noch weitgehend toleriert. Derartiges müsste in gleicher Art als von Staates wegen zu ahndendes Verbrechen behandelt werden wie die Vergehen gegen die Rassismusnorm! Erst recht müssten die Drohungen, Busse anzuzünden, als Offizialdelikt behandelt und verfolgt werden. Genau Gleiches gilt für religiös motivierte Droh- und Beschimpfungsbriefe oder E-Mails.

Wenn es Ihnen gelingt, sich von der Idee der einzigen Wahrheit und des Von-Gott-auserwählt-Seins zu lösen, werden Sie zu etwas mehr Frieden in der Welt beitragen. Ob Sie Bewusstseinsfelder, also quasi eine geistige Welt, über unseren Kosmos der materiellen Erscheinungen hinaus für wirklich halten, wie ich, oder nicht, ist nicht sehr relevant. Ob Sie die Kraft in sich für göttlich halten, wie ich, oder nicht, ist letztlich nicht so wichtig. Ob Sie an die Existenz von Engeln, Geistwesen und Verstorbenen glauben, wie ich, ist unwesentlich. Sie können je nach Standpunkt existieren oder auch nicht. Ihre menschliche Vernunft und das, was sicherlich auch Sie als Liebe zu den Menschen spüren, sollen letztlich Ihre Ratgeberinnen sein und Ihr Verhalten und Urteilen steuern. So rate ich Ihnen, neben der göttlichen Liebe in Ihrem Herzen keine anderen Götter neben sich zu haben! Das verstehe ich unter göttlichem Atheismus.

Viele Menschen denken heute so. Doch die praktische Befreiung von den alten Glaubensinhalten kann trotzdem schwer sein. Glaubensüberzeugungen werden, so wie die Kinder sie erfahren, ein Teil der auch körperlich verankerten Mechanismen, die im Gehirn und in den Hormonen ihre Grundlage haben als ursprüngliche biologische Regelkreise. Im Kapitel über negatives Denken beschreibe ich näher, wie diese biologische Ausstattung für das Überleben von Tieren und Menschen von Geburt an wichtig ist. Bei Menschenkindern und Jungtieren löst die Geborgenheit und Sicherheit in der mütterlichen oder elterlichen Nähe mit Körperkontakt die Produktion sogenannter Glückshormone mit dem bekannten Wohlbefinden aus. Das Fehlen dieses Schutzes aber ist mit Stresshormonen und entsprechendem Unbehagen und Angst verbunden und bewirkt, dass das Junge immer wieder die schützende und nährende Mutter sucht und deshalb überlebt. Einen ähnlichen Effekt des Gefühls der Sicherheit kann auch durch die größere Gruppe oder Lebensgemeinschaft bei Mensch und Tier ausgelöst werden.

Und in dieser schützenden Atmosphäre werden im Normalfall auch die religiösen Traditionen weitergegeben, meistens verbunden mit Ritualen, die auch den Körper mit einbeziehen. Das abendliche Gebet ist oft mit mütterlichem oder väterlichem Körperkontakt, Umarmungen, Zudecken und Gutenachtkuss verbunden. Die religiösen Feste versammeln oft nicht nur die Eltern, sondern die erweiterte Gruppe in einer entspannten und friedlichen Atmosphäre. Das heißt, die biologischen Regelkreise der Produktion von Glückshormonen verschmelzen unweigerlich mit den religiösen Inhalten.

Diese Regelkreise können durch das ganze Leben mit entsprechenden Stimuli wieder in Gang gesetzt werden. Wir wissen zum

Beispiel, wie das Singen von Weihnachtsliedern bei christlichen Demenzkranken Entspannung und Beruhigung auslöst. Auch wenn diese Menschen verstandesmäßig nicht mehr präsent sind, so werden gemäß den Erkenntnissen des russischen Forschers Iwan Petrowitsch Pawlow doch Sicherheit und Geborgenheit durch die vertrauten Anreize vermittelt. Wenn einem Menschen Liebe, Schutz und Nahrung immer im Zusammenhang mit den religiösen Inhalten durch Rituale wie Singen und Beten vermittelt werden und er nach biologischem Programm mit der entsprechenden Produktion von Glücks- und Anti-Schmerz-Hormonen reagiert, wird er später in seinem Leben jederzeit auf diese Rituale zurückgreifen können, um Geborgenheit, Frieden und mehr Schmerzfreiheit zu empfinden. Er wird diese Einkehr von Ruhe und Entspannung seinem durch Gebet aktivierten Gott zuschreiben, und dagegen ist nichts einzuwenden: »Ich habe konkret erfahren, dass Jesus lebt«, »Ich habe die Wirklichkeit Gottes an meinem eigenen Körper erlebt«, heißt es dann etwa. Diese biologischen Regelkreise machen keine Aussage für oder gegen die Existenz eines inneren oder äußeren Gottes! Ist Ihnen jedoch klar, dass diese Geborgenheit bei Menschen, die in der alten Sowjetunion aufgewachsen sind, genauso durch die atheistischen Lieder und Verse ihrer Kindheit wiedererweckt werden kann? Das habe ich persönlich miterlebt.

Der Protestantismus mit seinen spärlichen Ritualen hat den Menschen ermöglicht, sich früher und in größerer Zahl von einengenden Inhalten zu befreien. Im Katholizismus ist es schon schwerer. Wer aber lebenslang Kopftücher, Käppchen, Hüte, Haarlocken und Bärte getragen hat, verbunden mit täglichen mehrfachen Betritualen, reagiert mit Angst, wenn die Rituale wegfallen. Der berühmte Verhaltensforscher Konrad Lorenz hat beschrieben, wie er mit Angst und Unsicherheit reagierte, als er wegen Bauarbeiten auf ungewohntem Weg nach Hause fahren musste, nachdem er vorher jahrelang immer die gleiche Strecke gewählt hatte. Und seine Gewohnheit war nicht einmal mit besonders wichtigen Inhalten verknüpft.

Die religiösen Ansichten triumphieren, weil sie auf soliden biologischen Regelkreisen im Gehirn und im Hormonhaushalt beruhen. Zusätzliche magische Objekte wie Kreuze, Amulette, Rosenkränze und vieles mehr verstärken die Wirkung. Da haben die traditionellen Religionen ein feines Gespür gehabt, wie sie bei den Menschen Sicherheit und Doktrin gemeinsam verankern konnten. Und viele Freikirchen haben diese Mechanismen genauso gut verstanden und wenden sie Woche für Woche als Verstärker an, so wie eine Auffrischimpfung.

Darum sollten Sie versuchen, neue Rituale in Ihrem äußeren Leben oder in Ihrer Vorstellung zu finden, wenn Ihre Angst zu groß zu werden droht. Viele Menschen machen Yoga, Meditation, Visualisierungsübungen und Ähnliches. Andere tragen Schutzsteine, Pelze oder Elixiere. Und über alle diese Hilfen zur Selbstheilung dürfen wir froh sein. Bezüglich der Wirkung in Hinblick auf Sicherheit und Entspannung können aber vermutlich bei entsprechender Überzeugung auch Frühturnen, Joggen oder Musikhören vom iPod als gleichwertig gesehen werden, insbesondere wenn sie gemäß unserem Glauben gute Gesundheit zur Folge haben. Alle diese Hilfen können einem das Gefühl vermitteln, mehr Kontrolle über sein Leben zu haben.

Und zu diesen Hilfen gehören auch genaue Vorschriften, betrifft dies nun religiöse Inhalte, spirituelle Übungen oder das Einnehmen von Medikamenten. Wenn der Arzt oder Heilpraktiker den Patienten kleine Aufgaben gibt, die diese erfüllen können, entsteht das Gefühl, sein Leben wieder etwas mehr im Griff zu haben. Und jegliche Erklärungen über die Welt und Ihr Dasein geben Ihnen das Gefühl, Ihren Kosmos einigermaßen steuern und beeinflussen zu können. Wenn es Ihnen Angst macht, sich selbst als göttlich zu sehen, ist das Bild eines Gottes außerhalb von Ihnen sicher adäquater, sofern er sich auf global und interreligiös verträgliche Ratschläge beschränkt. Wenn Sie ihn mit Gebeten oder Ähnlichem beeinflussen können oder wenn Sie ihn mit Ihrem Glauben an seine Gnade gütig zu stimmen vermögen, stärkt das Ihr Gefühl, das Leben steuern und kontrollieren zu können. Dieses Gefühl brauchen wir alle. Auch ein Universum, dem

Sie Ihre Wünsche als Bestellungen schicken können, mag diese Funktion ausüben. Für mich erfüllen unsere Erkenntnisse und Errungenschaften aus der Wissenschaft diese Aufgabe. Wichtig ist: Man kann steuern, beeinflussen, hoffen und ein wenig kontrollieren.

# Erleuchtet bist du schon

Eigentlich scheint die Erleuchtung eine ganz feine Sache zu sein. Auf jeden Fall gibt es unzählige sehr beeindruckende und vielversprechende Berichte darüber. Doch habe ich noch niemanden angetroffen, der mir, anders als die meisten Menschen, erleuchtet erschien. Ich habe viele wunderbare und effiziente Lehrer, Heiler, Heilerinnen und Medien kennengelernt. Die einen waren ein wenig bedächtiger oder weiser als die anderen, manche hatten ein etwas stärkeres Ego, aber niemanden konnte ich in signifikanter Weise anders wahrnehmen als die übrigen Menschen auch. Kriterien, nach denen man Erleuchtete erkennen kann, habe ich nicht gefunden. Und wenn es keine überprüfbaren und allgemein anerkannten Kriterien gibt, ist es ähnlich wie mit den Religionen. Es finden sich viele Unterschiede und Widersprüche, aber kaum Übereinstimmung.

Andererseits nennen sich allerlei Wirrköpfe erleuchtet oder werden von anderen so bezeichnet, und sie richten trotzdem oder gerade deswegen enormen Schaden an. Wie kann man also die »gute und echte« Erleuchtung von der schädlichen und krankhaften unterscheiden? Ich muss ehrlich gestehen, ich weiß es bis heute nicht.

Wir alle haben immer wieder einmal eine kleinere oder größere Erleuchtung. Das fängt schon in der Schule beispielsweise beim Begreifen von Mathematik an. Und bei solchen Erleuchtungen kann sogar konzentriertes Nachdenken oder, anders gesagt, harte Arbeit sinnvoll sein. Ich habe auch viele Bücher gelesen von klugen oder weisen Menschen. Einige davon gelten oder galten bei ihren Schülern als erleuchtet. Ich konnte aber in ihren Schriften auch nichts Typisches erkennen, was sie von anderen klugen Autoren in einzigartiger Weise ausgezeichnet hätte, außer dass sie, wie wir alle, überzeugt waren, ihre Wahrheit sei wahrer als die der anderen.

Zweimal in meinem Leben wurde ich von Licht geflutet, als Drei- und als Einunddreißigjähriger, und ich könnte das für mich als »Erleuchtung« bezeichnen. Ich kann diese Ereignisse jederzeit zurückholen. Dann verspüre ich die Gewissheit, dass der ganze Kosmos aus Licht und Liebe besteht und niemand verloren geht.

Unterscheidet mich das typischerweise von anderen Menschen? Ich glaube, nicht.

Ich habe so manche Menschen getroffen, die sich um Erleuchtung bemühten, ja, sich geradezu jahrelang abstrampelten, um Erleuchtung oder etwas Ähnliches wie spirituelle Reife zu erlangen. Viele davon sind sehr gequält und verkrampft, weil sie sich auch noch Vorwürfe machen, in ihrem Leben könne es nicht wirklich weitergehen, weil sie spirituell nicht vorankämen. Da machen diese Menschen irgendwelche Blockaden bei sich verantwortlich und sehen darin den Grund, dass es mit der Partnerschaft, mit dem Bankkonto oder mit dem Job nicht klappt. Es ist alter Wein in neuen Schläuchen. Früher hieß es »Sündhaftigkeit«, jetzt heißt es »Blockaden« oder so ähnlich.

Machen Sie sich keine Vorwürfe, Sie würden zu wenig spirituelle Übungen irgendwelcher Art durchführen, deshalb gehe es diesbezüglich nicht vorwärts. Möglicherweise spüren Sie Lust und Freude oder eine starke Motivation und außerdem schnelle Fortschritte, und dann werden Sie spontan ausreichend üben. Wenn das nicht zutrifft, rate ich Ihnen, das Üben auf ein anderes Gebiet zu verlegen, wo die Resultate überprüft werden können. Es genügt, wenn Sie gewisse Dinge für den Beruf, das tägliche Leben oder für die Schule üben müssen, ohne dass Sie durchweg Spaß daran haben. Dann machen wenigstens die objektivierbaren Fortschritte etwas Freude. Auf geistigem, nichtmateriellem Gebiet glaube ich nicht an einen Erfolg durch Üben, wenn nicht etwas Spaß dabei ist. Und was hat es mit Partnerschaft, Bankkonto oder Job auf sich im Zusammenhang mit dem so geliebten Begriff von »spirituellem Wachstum«?

Da erinnere ich gern an Caroline Myss, eine kluge hellsichtige Theologin in den USA. Sie sagte, spirituelles Wachstum könne auch durch und durch Chaos bedeuten und nicht unbedingt gute Partnerschaft, sicheren Job und wohlgefülltes Bankkonto.

Der Begriff »spirituelles Wachstum« ist problematisch. Was ist darunter zu verstehen? Nach welchen Kriterien werden hier die Fortschritte beurteilt? Da fehlen wiederum die überprüfbaren Ecksteine. Gibt es einen Unterschied zwischen spirituellem Wachstum und dem Erwachen aus einer Depression? Ich sehe viele Menschen, denen es zu einer bestimmten Zeit viel besser geht als in einer früheren Phase ihres Lebens. Sie sind lockerer, fröhlicher und entspannter. Ich betrachte das als spirituelles Wachstum – wie alles, was mit größerer Lebensfreude einhergeht! Aber kann man systematisch darauf hinarbeiten?

Zwischen Erleuchtung und spirituellem Wachstum im engeren Sinn und dem, was unter emotionaler oder seelischer Reifung oder Heilung verstanden wird, sehe ich keine klaren Abgrenzungen. Durch Psychotherapie, einzeln oder in Gruppen, spirituelle Meetings, schamanische Rituale oder religiöse Auferweckungs-Gottesdienste kann man ergreifende Erfahrungen machen. Da geht man hin, weil man spürt, dass es einem gut tut, oder weil die Begeisterung einen weiterträgt, sei sie nur vorübergehend oder anhaltend. Oder man ist sehr neugierig, etwas Neues zu erfahren; und da können dann allerhand außergewöhnliche Dinge mit einem passieren: ekstatische Zustände, Versöhnungen mit anderen Menschen, Heilung oder Besserung von Gesundheitsproblemen. Doch wenn es keinen Spaß macht, zweifle ich am Erfolg. Ohne Spaß zweifle ich genauso an der Wirkung medizinischer, überprüfbarer Übungen wie Joggen, Frühturnen, Radfahren oder Physiotherapie. Deshalb würde ich alle Übungen, die spirituelles Wachstum oder Erleuchtung in Aussicht stellen, sorgfältig prüfen im Hinblick auf den Spaß-, Motivations- und Freudefaktor.

In einem aktuellen Bestseller wimmelt es von Ausdrücken wie: Es gäbe »nur einen« Weg der »wirklichen« Heilung. Wir müssten uns unsere »eigenen Abgründe« mutig ansehen. Boris Becker habe wechselnde Partnerinnen, weil er »sich selbst« suche. … bis wir »uns selbst« begegnen … wenn wir diese »innere Arbeit« nicht leisten … »wirkliche« Liebe. Nur wenige hätten eine Phase »echter, tiefer Transformation« durchlebt. Wer sich »wirklich einlässt« auf die Sprache der Seele … wenn es um das »eigentliche Wesen« der Frau gehe … um eine »naturgegebene, instinktiv gesunde« Art … »tief ins Sein verwobene« Herzenskraft … die »volle weibliche Wahrheit«. Folgt ein Mann seiner »eigentlichen« Kraft … Menschen, die ihren »nächsten großen Heilungs- und Entwicklungsschritt vor sich herschieben« … »Jeder« kann diesen Weg gehen … sich »wirklich befreien« und loslassen – und so weiter und so fort. Das klingt alles sehr gut – und sehr hohl! Ich weiß leider nicht, was mit »wirklich«, »echt«, »eigentlichem Wesen«, »tief ins Sein verwobener Herzenskraft«, »tiefer Transformation« und dergleichen gemeint ist. Ich habe keine konkrete Vorstellung, nichts, was ich handfest damit tun könnte. Ich weiß letztlich auch nicht, was die Seele oder das höhere Selbst ist. Und immer wenn irgendeine Methode als »einziger« Weg angepriesen wird und gleichzeitig auch noch harte Arbeit gefordert wird, rate ich zu größter Vorsicht. Viel Freudlosigkeit ohne greifbare Resultate habe ich bei zu vielen Menschen mit solchen Bemühungen erlebt.

Fast immer wird für die Erleuchtung gefordert, das Ego aufzugeben, wie ich das in »Versöhnen und Heilen« an Beispielen illustriert habe. Erleuchtung heißt aber gerade nicht, sein Ego zu bekämpfen, zu verleugnen und zu überwinden. Das Ego hindert die Erleuchtung nicht, im Gegenteil! Da erinnere ich mich gern an den deutschen Schriftsteller, der sich »Jean Paul« nannte. Wir mussten uns im Gymnasium mit ihm beschäftigen. Ich konnte mich nicht sehr für ihn erwärmen, aber ein Ausspruch ist mir in Erinnerung geblieben. Er meinte sinngemäß, je mehr man sich mit geistigen Welten beschäftigen wolle, umso notwendiger seien ein paar kräftige Stiefel, mit denen man fest auf der Erde stehe. Was Jean Paul »Stiefel« nannte, sei hier »Ego« oder »Vernunft für das tägliche Leben auf unserer Erde« genannt. Tatsächlich, dieses Ego muss kräftig sein, wenn man sich nicht in unkontrollierte Geisteszustände verirren will. Und wenn das Ego zu sehr vernachlässigt und unterdrückt wird, fängt es an zu rebellieren und tut alles, um sich wieder ins Bewusstsein zu bringen. Falls dies nicht gelingt, kann es dem betroffenen Menschen erhebliche Symptome, oft auch Burn-out und Erschöpfung verursachen, und da ist dann von Erleuchtung keine Spur mehr. Mag sein, dass es für Erleuchtung Suchende, die in einer Himalajahöhle leben, anders ist, wenn sie als Asketen leben und das wenige, was sie brauchen, von ihren Schülern geliefert wird. Da kann es mancherlei Entrückungszustände von besonderer Intensität geben, ähnlich wie beim Bungeejumping und vergleichbaren modernen Kick-Events. Als Mensch in unserer modernen Zivilisation braucht man jedoch seinen irdischen Verstand sowie seine Ich-Identität unbedingt zum Überleben, und die Freude und die Kraft sind viel reichhaltiger, wenn diesem Ego erlaubt wird, seine Rechte einzufordern und auch Spaß zu haben.

Spaß und Freude zu haben, ich wiederhole es unentwegt, ist sowieso spirituell und erleuchtend. Ich glaube nicht an die Erleuchtung auf einem »spirituellen Pfad«, der voll gespickt ist mit Tests und Prüfungen. Natürlich können schwierige Phasen in unserem Leben uns reifer und in gutem Sinne zufriedener machen, wenn sie überwunden sind. Aber absichtlich nach Prüfungen und harten Übungen Ausschau zu halten, um die Erleuchtung zu fördern, würde ich niemandem raten. Es sei denn, wie erwähnt, man spürt deutliche Wirkungen innerhalb angemessener Frist.

Die Erleuchtung kommt auch nicht eher, wenn man sich von den Menschen und von der Technik fernhält, wie behauptet wird, weil sich damit der Bewusstseinsgrad erniedrige anstatt erhöhe. Wer hat nur solche Ideen? In dieser Bemerkung kommt die Abwehr und Feindseligkeit gegenüber der materiellen Welt, der Wissenschaft und gegenüber der modernen Zivilisation zum Vorschein. Was hat das mit Erleuchtung zu tun? Die allergrößte Mehrheit der Menschen würde mit dieser Sichtweise grundsätzlich ausgeschlossen von einer winzigen Minderheit, die sich höher entwickelt sieht und sich auserwählt fühlt. Wieder wird damit die Welt in einen göttlichen und einen nichtgöttlichen Anteil gespalten. Und selbst ist man ja immer auf der besseren Seite! Die alte Geschichte des Auserwähltseins, das uns in der Bibel so suggestiv nahegelegt wird.

Aus naturwissenschaftlicher Sicht ist in allem, was wir in dieser Welt antreffen, Information und Licht. Mir erscheint es nicht abwegig, dieses Licht und die Information auch mit Bewusstsein zu assoziieren. Ungefähr so jedenfalls stellt man sich die Natur der Atome und ihrer Teilchen vor. Da liegt es für mich nahe, das alles als göttlich zu sehen, als die Kraft der Kreativität, mit der wir die

Evolution vorangebracht haben und an der wir alle teilhaben. Es ist, anders gesagt, diejenige Wahrheit, die ich als am wohltuendsten und hilfreichsten empfinde. Und nachdem die moderne Welt die eine und einzige Wahrheit abgeschafft hat, empfehle ich Ihnen erneut, die für Sie und andere hilfreichste und wohltätigste zu wählen, die meistens auch die am nächsten liegende ist.

Im Osten, wo der Begriff »Erleuchtung« geprägt wurde, lehrte Buddha, dass sich die Geschichte immer wiederhole. Befreiung oder Erleuchtung bedeutete für ihn, aus den karmischen Zyklen der körperlichen Existenz auszusteigen, um für immer von einer Existenz in einem Körper in Zeit und Raum befreit zu sein. Ich selbst habe den Gedanken von sich wiederholenden Erdenleben vor Jahrzehnten als Erleuchtung, als Befreiung aus der Himmel-Hölle-Diktatur des strafenden und eifersüchtigen Gottes erlebt. Erst vor fünfzehn Jahren erfolgte für mich die nächste Erleuchtung, und ich sah ein, dass dieses Karmaprinzip, auf das ich noch näher eingehe, auch nur eine von vielen verschiedenen Wahrheiten ist. Es war wiederum ein Befreiungsschritt, aus der Verabsolutierung dieses Konzepts und damit aus dem geistigen Karmagefängnis auszusteigen. Sollte es denn wirklich der Sinn unserer materiellen Existenz in Raum und Zeit sein, aus jenem Erdenleben, aus der Erfahrung des ganzen Reichtums unserer materiellen Welt, möglichst schnell und unter großen Mühen wieder auszusteigen, wie Buddha das gelehrt hat? Und dies, indem wir unsere Einmaligkeit, unsere Identität, unser Ego aufgeben?

Gegen die Zustände, die einem Buddha zugeschrieben werden, habe ich allerdings nichts einzuwenden: Weisheit, Mitgefühl und Heiterkeit. Und das kann einem durch die Erfahrungen des Lebens einfach geschenkt werden. Für manche Menschen mag dabei auch eine gewisse Disziplin hilfreich sein. Doch kann ich das nie als unbedingte Notwendigkeit sehen. Einer meiner Leitsätze lautet: »Jede wichtige Erkenntnis kommt zu jedem Menschen zum richtigen Zeitpunkt.«

Hier ist der Ort, einen Autor zu zitieren, der von sich sagt, er sei kein Lehrer. Es geht um Tony Parsons, der als »Nichtlehrer« in der Welt herumreist, Vorträge und Seminare hält und natürlich

Bücher und DVDs verkauft. Auch ein Nichtlehrer muss ja von etwas leben. Er sei ein Botschafter es Nichtdualismus beziehungsweise der Einheit, was auch »Advaita« genannt werde. In seinem Buch »Das ist es« bringt Parsons direkt zu Beginn ein paar Sätze, die zu unserem Thema passen: »Ich warne euch am besten gleich, dass ich keine erleuchtete Person bin und dass keine Person in diesem Raum je erleuchtet sein wird. So etwas wie eine erleuchtete Person gibt es nicht.« Und auf dem Klappentext des gleichen Buchs steht die spannende Behauptung: »Auf der Suche zu sein ist die beste Möglichkeit, die Befreiung zu vermeiden. Wenn die Bereitschaft besteht, zu hören, endet die Suche, und alle persönlichen Bestrebungen fallen von uns ab. Dann bleibt nur noch das Wunder dessen, was ist. Es gibt keinen Weg, und nichts muss erreicht werden.«

Der Titel dieses Kapitels sagt, Sie seien schon erleuchtet. Und hier zitiere ich, es gebe keine Erleuchtung. Für mich ist es kein Widerspruch. Ob wir alle als erleuchtet definieren oder niemanden, ist eine definitorische Frage. Für mich wichtig ist mein Glaube: Sowohl Sie wie auch ich, wir sind in diesem Kosmos aufgehoben. Sowohl Sie wie auch ich sind aus Lichtteilchen gebaut und schwimmen in der Liebe. Doch wenn es Ihnen entspricht zu suchen und an sich zu arbeiten, warum sollen Sie es nicht tun? Denn dass auch Advaita, das Erkennen von Einheit, sich kombinieren lässt mit »an sich arbeiten«, zeigt eine Anzeige aus dem Internet, wo jemand sein beraterisches Angebot beschreibt: »Advaita-Lehre, Buddhismus, Energiearbeit, Heilung, Körperarbeit, Meditation, Mystik, Selbsterfahrung, Spiritualität, Sterbebegleitung, Tibetan Pulsing, Transformation, Transpersonale Psychologie, Yoga …«

Dieses Kapitel verdient ein heiteres Ende. Kennen Sie die schöne Geschichte von den drei Erleuchtungsstufen? Die Schüler bedrängten den Meister, sie über die Erleuchtung zu belehren.

»Es gibt drei Stufen in der geistigen Entwicklung eines Menschen«, sagte der Meister, »die sinnliche, die geistige und die göttliche.«

»Was versteht man unter sinnlicher Stufe?«, fragten die lernbegierigen Schüler.

»Das ist die Stufe, auf der Bäume als Bäume und Berge als Berge angesehen werden.«

»Und die geistige?«

»Auf ihr sieht man tiefer in die Dinge hinein, dann sind Bäume nicht mehr Bäume und Berge nicht länger Berge.«

»Und die göttliche?«

»Nun, das ist die *Erleuchtung*, sagte der Meister mit leisem Lachen, »wenn Bäume wieder zu Bäumen und Berge wieder zu Bergen geworden sind.«

# Unsichtbare Welten

Von den unsichtbaren Welten, vom Jenseits, geht nicht nur viel Faszination, sondern auch viel Autorität aus. Dort, so vermuten wir, ist die absolute Wahrheit angesiedelt. Wenn es uns gelingt, eine Quelle aus dem Jenseits anzuzapfen, können wir erfahren, wie es mit Himmel und Hölle denn wirklich steht. Wir erhalten Kenntnis davon, wo und in welchem Zustand die Verstorbenen sich befinden. Wir können erkennen, welche Geistführer wir haben, wer unser Schutzengel ist, welche Meinung er über uns hat; und überhaupt haben wir die Chance, wichtigere und weniger wichtige Geistwesen zu treffen und von ihnen objektive Ratschläge zu erhalten. Diese Wesen im Jenseits kennen ja die eigentliche Wahrheit. So die allgemeine Auffassung, die ich allerdings für falsch halte.

Den ersten hellseherischen Bericht las ich in meiner Primarschulzeit. Es waren die akribisch beschriebenen Trancereisen der »Somnambule« Philippine Demuth Bäurle, einem höchst religiösen »Teeniemädchen«, das 1832 mit sechzehn Jahren spontan Schwächezustände entwickelte und öfter in kurzen Schlaf verfiel, aus dem sie nicht geweckt werden konnte, aber immer selbst wieder aufwachte. Zuerst hielt man die Zustände für eine Krankheit. Der beigezogene Arzt diagnostizierte bald sogenannten Somnambulismus und äußerte, es wäre besser für die Patientin, man könnte die Zustände unterdrücken, was aber mit allerhand Therapien nicht gelang.

Als sich erste Kontakte mit einem geistigen Führer manifestierten, über den die Jungfer in ihrem Tiefschlaf sprach, ließ man der Sache erst recht ihren Lauf. Bald schon wurden die Trancereisen angekündigt, und in Begleitung von meist zwei geistigen Führern wurden in der Folge viele Reisen unternommen. Zuerst in die Reiche der Unseligen, die auf verschiedenen Ebenen angesiedelt waren, dann auf den Mond als unterster Ebene der Seligen und schließlich zu allen Planeten, auf denen die Seligkeit Stufe um Stufe gesteigert war. Dann folgten achtzehn Reisen zur Sonne, wo schon extrem selige Verstorbene lebten. Aber es ging noch weiter. Die junge Frau wurde eingesegnet für die Reisen ins Neue Jerusalem, das sie als »unaussprechbar herrlich« beschrieb, wo sich auch

– für sie unsichtbar – der Thron Gottes und die in der Offenbarung erwähnten 144 000 Auserwählten befänden. Sie hörte die 144 000 innerhalb eines Gebäudes wirklich singen, zusammen mit Harfen- und Posaunenmusik, die so unbeschreiblich schön war, dass sie diese gar nicht lange ertragen konnte. Die Beschreibungen waren stets begleitet von ständigen eindringlichsten Ermahnungen, von jeder Sünde abzulassen, wozu auch schon oberflächliches Geschwätz und Gleichgültigkeit gegenüber religiösen Angelegenheiten zählten.

Das Büchlein, das meiner Mutter gehörte, war 1870 schon in der 26. Auflage erschienen. Es hieß auf der Titelseite, alle könnten wichtige Aufschlüsse über das Jenseits finden und es sei herausgegeben von einem täglichen Augenzeugen, Freund der Wahrheit und der höheren Offenbarung. Sie können sich vorstellen, welch starke Prägung ein dermaßen nach Frömmigkeit strebendes Kind, wie ich es war, durch diese eindrücklichen Schilderungen mitbekam. Meine Sehnsucht nach dem Himmel, der leuchtenden Stadt des Neuen Jerusalem, war fast grenzenlos, sicherlich verstärkt durch die oft schrecklichen Nöte in unserer Familie. Die Jenseitsschilderungen der Philippine Demuth Bäurle waren für mich als Kind die Wahrheit. Ich verspürte den unbändigen Wunsch, allen Menschen diese alleinseligmachende Wahrheit zu verkünden. Das war die eine kräftige Wurzel für meinen späten Entscheid, nicht Senn auf der Alp, sondern Missionar zu werden. Dieser brennende Wunsch in mir veranlasste Menschen meiner schulischen Umgebung, mir trotz widriger Umstände und zahlreicher Hindernisse den Besuch weitergehender Schulen zu ermöglichen. Und sicher können Sie sich vorstellen, in welche Verwirrung ich gestürzt wurde, als ich später auf dem Gymnasium andere Vorstellungen vom Jenseits und von der nachtodlichen Existenz kennenlernte, die in einem mir zunächst nicht vorstellbaren Maße von den Schilderungen der Jungfer Bäurle abwichen. Seither habe ich viele Dutzende von Büchern mit entsprechenden Berichten von außersinnlichen oder jenseitigen Wahrnehmungen gelesen.

Manche Leute glauben, hellsichtige Menschen sähen im Geistigen eine objektive Wirklichkeit. Wenn dem so wäre, würden die hellsichtigen Muslime, Hindus, Buddhisten und Schamanen alle auch dieses spiritistisch-apokalyptische Jenseits der Philippine Demuth Bäurle sehen. Sie würden ihren Mitmenschen von Jesus erzählen, der beim Throne Gottes sitzt, und wir hätten die eine und einzige Wahrheit vom Neuen Jerusalem auf der ganzen Welt. Doch die Hellsichtigen anderer Religionen sehen genauso ein ihrem Glauben angepasstes Jenseits. Die armen tibetanischen Buddhisten beispielsweise müssen schon nach 49 Tagen wieder reinkarnieren, wenn es ihnen nicht gelingt, dem Karmarad im entscheidenden Augenblick zu entwischen. Ich wiederhole den Ratschlag aus dem ersten Kapitel: Verlassen Sie die Illusion, es gäbe »die eine« Wahrheit, und wählen Sie eine für sich wohltätige und hilfreiche Wahrheit aus dem riesigen Angebot.

Eigentlich wissen wir, dass wir auch auf der materiellen Ebene nur sehen können, was wir kennen oder woran wir glauben. Dazu gibt es eine hübsche Anekdote aus der Zeit der Entdeckung Amerikas. Als die Entdecker mit ihren Schiffen draußen auf dem Meer landeten und mit den Booten an Land fuhren, sollen die dortigen Bewohner die Schiffe nicht haben sehen können, offenbar, weil sie noch nie zuvor etwas Ähnliches erblickt und sich keine entsprechende Vorstellung gebildet hatten. Erst als ihr Medizinmann mit Hilfe der Seefahrer die Schiffe wahrnahm, lernten auch die übrigen Angehörigen jenes Volkes, die Schiffe zu sehen. Gemäß den Postulaten der modernen Physik nehmen wir heute an, dass wir auch im Materiellen immer eine von uns selbst mitgeschaffene und geglaubte Wirklichkeit sehen, die in dem Sinne wenig objektiv ist.

Wir alle meinen zu sehen, die Erde sei flach und die Sonne kreise um die Erde. Mit der Hilfe von Luftverkehr, Raumfahrt und Fernsehen oder Internet konnten wir uns immer mehr weltweit darauf einigen, die Erde sei rund und kreise um die Sonne. Das ist der spirituelle Segen der Naturwissenschaften. Sie ermöglichen, dass wir uns global auf eine gemeinsam gültige Wahrheit einigen, weil sie immer praktisch umsetzbaren Nutzen erzeugt. Dort, wo keine praktischen Anwendungen möglich sind, bleiben in der Regel auch die Postulate der Naturwissenschaften umstritten. Wahrheit, könnte man sagen, ist eine Sache der gegenseitigen Übereinkunft.

Auf den nichtmateriellen Ebenen ist es bedeutend schwieriger, uns auf ein gemeinsames Sehen zu einigen. Die Auswahl der Formen, die wir für bestimmte Informationen wählen können, ist fast unendlich. Eine analoge, allerdings viel einfachere Situation haben wir beispielsweise bei der Darstellung statistischer Werte. Der eine stellt diese Werte in reinen Zahlen dar, ein anderer in Diagrammen. Von Diagrammen wiederum gibt es eine große Auswahl, beispielsweise Säulen, Balken, Kreise oder Linien. Oder man stelle sich vor, auf wie viele verschiedene Arten man einen bestimmten Menschen charakterisieren kann. Und für jede Charakterisierung könnte man ein anderes Symbol wählen. Würden hundert Menschen das versuchen, wäre wohl keine Charakterisierung, kein Symbol oder Bild genau gleich wie ein anderes. Diese Vielfalt an Möglichkeiten macht es auf den nichtmateriellen Ebenen so schwer, sich auf ein gemeinsames Sehen zu einigen, etwas, was wir dann als sogenannte objektive Wahrheit definieren könnten.

Ich habe wie erwähnt von Medien und Hellsichtigen unzählige unterschiedliche Schilderungen materiell nicht sichtbarer Welten und nicht sichtbarer Wesen gelesen und gehört. Sie stimmen immer einigermaßen mit den Überzeugungen der sehenden Personen überein. Die Welten katholischer Seher sind nun mal katholisch, die der Spiritisten mit der spiritistischen Lehre übereinstimmend. Mehr schamanische oder neoschamanische Seher erblicken ebenso die ihrem Glauben entsprechenden Bewusstseinsreiche, vielleicht noch vielgestaltiger als die katholischen oder reformierten, aber immer mit der eigenen Weltsicht in Übereinstimmung. Was ein sogenannt hellsichtiger Mensch also auf einer nichtmateriellen Ebene sieht, entspricht seiner Glaubensstruktur. Und man muss bedenken, wie gering unsere Kenntnisse der nichtmateriellen Bewusstseinsebenen vermutlich sind.

Das gilt auch im umgekehrten Fall. Würden Bewohner von anderen Planeten ohne Vorkenntnisse unsere Erde besuchen, die Schilderungen widersprächen sich scheinbar völlig. Ein Besucher würde vom Nordpol berichten, der andere vom Appenzeller Land und der dritte von der Wüste Sahara. Hätte es auf dem Heimatplaneten der Besucher so einfache Gemüter, wie wir Erdenmenschen es sind, sie könnten sich wohl keinen stimmigen Reim über diese Erde machen und am ehesten die Reiseberichte als Illusionen abtun.

Anouk Claes – ein modernes Medium, mit dem ich zusammenarbeite – hat manche spirituelle Auslegungen über das Weltbild der Quantenphysik sowie der modernen Astronomie gelesen, und sie gehört der Star-Trek- und Star-Wars-Generation an, ist auch von solchen Werken sehr fasziniert. Sie sieht dementsprechend unsichtbare Bewusstseinswelten, die mit derartigen Vorstellungen kongruent sind. Nicht katholische Himmel und Hölle wie bei Dante, nicht spiritistisches Neues Jerusalem wie bei Jungfer Bäurle, nicht die Vorbereitungen auf ein neues Erdenleben wie bei den »Karmaleuten« sind aktuell. Hingegen stehen da die parallelen Universen, wie sie von manchen Physikern postuliert werden, und Bewusstseinsreisen auf andere, nichthimmlische Planeten und ins weite Weltall im Vordergrund. Diese Vorstellungswelt hat kaum mehr etwas mit der Beschränkung auf unser Sonnensystem und mit den nach Seligkeitsgraden abgestuften Planeten von Philippine Demuth Bäurle zu tun. Anouk Claes hat eine Ausgestaltung der Jenseitssichtigkeit, wie sie den heutigen Menschen im multikulturellen, -religiösen, atheistischen und von naturwissenschaftlichem Denken geprägten Milieu wohl am ehesten entspricht. Beim hochbegabten Trancemedium Silvia Wallimann haben ein mit vielen Religionen kompatibles Christentum wie auch die Reinkarnationsidee einen hohen Stellenwert, aber ebenso geistige Wesen von anderen Planeten unseres Sonnensystems, die uns ihre Botschaften zukommen lassen. In Brasilien oder auf den Philippinen findet man in der Regel sehr traditionell dem Spiritismus und Katholizismus nahestehende und wahrnehmende Medien und Heilerpersonen. Auch die englischen Medien pflegen eine sich stark an den Spiritismus anlehnende Vorstellungswelt, ebenso wie die von ihnen ausgebildeten Mitteleuropäer. Es versetzt mich manchmal in Erstaunen, bei jungen, mitteleuropäischen Medien immer noch die überlieferte spiritistische Vorstellungswelt aus dem achtzehnten und neunzehnten Jahrhundert anzutreffen.

Für manche Menschen hat das Sehen eine besondere Beweiskraft für die Existenz eines Phänomens. Wenn sie einen Engel erblickt haben, sind sie davon überzeugt, es gebe wirklich Engel. Dass dieses Sehen keine realere Wirklichkeit darstellt als das Denken, kann uns verständlicher werden, wenn wir wissen, dass es Menschen gibt, die nur in Bildern denken können. Die mit Autismus beziehungsweise Aspergersyndrom geborene Amerikanerin Dr. Temple Grandin beschreibt das in ihrem Buch »Thinking in Pictures« sehr anschaulich: »Ich denke in Bildern. Worte sind für mich wie eine zweite Sprache. Ich übertrage sowohl gesprochene wie auch geschriebene Worte in farbige Filme, die wie ein Video, inklusive Ton, in meinem Kopf ablaufen. Wenn jemand zu mir spricht, werden die Worte augenblicklich in Bilder übertragen. Bis ins Teenageralter dachte ich, alle würden in Bildern denken.«

Sie schreibt weiter, visuelles Denken habe ihr ermöglicht, in ihrer Vorstellungskraft vollständige Systeme zu entwickeln. Sie kann ein konstruiertes Objekt in ihrem Kopf aus jedem Winkel ansehen, auch von oben oder unten, und es sich gleichzeitig drehen lassen, ähnlich den Computergrafiken beispielsweise in Star Trek. Sie kann auch dreidimensionale Bilder duplizieren. Ihre Gedankenprozesse sind nicht logisch, sondern assoziativ und imaginativ. Auch der große Erfinder Nikola Tesla baute offenbar seine Turbinen vollständig im Kopf. Sie konnten in seiner Visualisierung oder in seiner Werkstatt mit gleichem Resultat getestet werden.

Menschen mit stark visuellem Denken haben Probleme Dinge zu lernen, die schwer in Bildern dargestellt werden können, etwa Ausdrücke wie »darunter« oder »darüber«. Es lohnt sich, wenn man sich das genau überlegt: In Bildern denkende Leute wie Temple Grandin können nicht »Engel« denken, ohne einen Engel zu sehen, nicht »Teufel« denken, ohne den listigen Buben in irgendeiner Form wahrzunehmen. Und sie sind in der beneidenswerten Lage, immer einen Geistführer zu haben und zu sehen, sobald sie nur an Geistführer denken. Sie können nicht Wut oder Liebe denken, ohne ein Bild von Wut oder Liebe vor sich zu haben. Auch ein den Menschen umgebendes Energiefeld oder die Aura können sie nicht denken, ohne es zu sehen. Möglicherweise wird jetzt auch klarer, warum viele Hellsichtige einen Emotionalkörper um den Menschen herum sehen können mit vielen Informationen darin.

Anouk Claes sieht die Gefühle als eine Art farbige Flüssigkeit in verschiedenen Regionen des Körpers, die unterdrückt, verschoben und verdrängt werden können. Damit bewegt sie sich näher bei der klassischen Tiefenpsychologie als die meisten anderen spirituellen Konzepte, was wiederum für die beraterische Zusammenarbeit mit einem Psychiater vorteilhaft ist. Sie hat viel Freud gelesen. Man kann sich jetzt die Frage stellen, ob sie die Emotionen so sieht, weil sie Freud gelesen hat, oder ob sie Interesse an Freud gefunden hat, weil sie die Emotionen schon vorher so gesehen hat. Vermutlich war es eine gegenseitige Beeinflussung. Das Lesen von Freuds Theorien wird ihre bestehende Wahrnehmung zusätzlich strukturiert und ausdifferenziert haben.

Anouk hat auch Bilder fürs »Ego« und den »Geist« und eine bildliche Personalisierung für die Angst. Sie hat noch weitere Bilder in standardisierter Form für einige andere Dinge wie Körperzellen. Ihren eigenen »Geist« oder das Bewusstsein kann sie ebenfalls als eine Art Geistwesen sehen oder darstellen und davon mannigfaltige Kopien herstellen, die im Universum herumreisen, ähnlich wie Temple Grandin dreidimensionale Bilder duplizieren kann.

Für mich entscheidend sind die praktischen Auswirkungen solcher Hellsichtigkeit. Der Wahrheitsgehalt hängt nicht von der Darstellung ab. Ein Vergleich zur Veranschaulichung: Ob eine Mitteilung übers Handy als gesprochene Worte, als Text oder Bild durchkommt, entscheidet nicht über den Wahrheitsgehalt. Es geht für mich um die Frage: Lässt sich mit der hellsichtigen oder medialen Begabung etwas gewinnen bei der Beratung von Menschen? Da ist das ziemlich einfache System von Anouk Claes für meine Beratungssituationen vorteilhaft. Und es kann von den meisten Menschen relativ leicht verstanden, erlernt, manchmal gesehen und in vielen Fällen angewendet werden. Und vor allem ist Anouk mit ihrem eigenen Konzept schnell und präzise, häufig erfolgreich, nicht selten genial! Aber für wahrer als die Konzepte anderer Medien halte ich das nicht, was sie sieht. Was Anouk von den meisten Medien unterscheidet, ist, dass sie nicht eine Dämpfung des Bewusstseins durch Meditation oder Trance ansteuert, sondern die erhöhte Konzentration durch gängige Übungen der Konzentration. Und nach ihrem Konzept enthält die Materie, ähnlich wie bei den Quantenphysikern, Informationen oder eine Art Bewusstsein, mit dem man kommunizieren kann. Allerdings konnten die Lottokugeln bisher nicht von ihr dazu gebracht werden, zu verraten, in welcher Reihenfolge sie bei der nächsten Ziehung fallen. Auch scheint der Mars nicht willig zu sein, ihr auf medialem Wege mitzuteilen, ob es auf ihm tatsächlich Wasser gibt. Zwar habe ich im Buch »Spirituelles Heilen und Schulmedizin« ausführlich über Experimente berichtet, die über ein hellsichtiges Gewinnen von Informationen aus materiellen, physikalischen Quellen berichten. Doch auch da scheint es das Problem zu geben, dass die Untersuchungen nicht beliebig reproduzierbar sind. Das wäre notwendig, damit man sich in naturwissenschaftlicher Weise darauf einigen könnte, das als Wahrheit zu sehen.

Die Autistin Dr. Temple Grandin äußert sich auch über die Möglichkeiten, die ihr durch dieses visuelle Sehen bezüglich des Gedächtnisses gegeben sind: »Ich habe Video-Memories von jedem Item, mit dem ich je gearbeitet habe. Ich speichere die Informationen in meinem Kopf, wie wenn diese auf einer CD-ROM gespeichert wären. Wenn ich das erinnern will, spiele ich das Video in meiner Imagination wieder ab.«

Wir wissen, dass Autisten mit sogenannter Inselbegabung unglaubliche Gedächtnisleistungen erbringen können – wie das Replizieren von Zahlen mit Tausenden von Ziffern –, dass andere Tausende von Büchern auswendig kennen oder komplizierte Stadtbilder nach kurzer Besichtigung detailgetreu aus dem Gedächtnis nachzeichnen. Temple Grandin liefert eine Erklärung:

Diese Leute können die gespeicherten Infos vor ihrem inneren Auge wieder abspielen und ablesen. Obwohl diese Autisten Dinge sehen, die die meisten Menschen nicht erkennen können, ordnen wir ihre Wahrnehmungen in der Regel nicht einer jenseitigen Welt zu. Es geht ja um Landschaften und andere Objekte, welche diese Menschen als Symbole für Zahlen gewählt haben. Da ist uns das Jenseits nicht nahe. Würden aber die gleichen Menschen für ihre Zahlen Engel und Verstorbene als Symbole wählen und ständig von diesen berichten, wir würden denken, dass sie ins Jenseits sehen können.

Viele Autisten haben große Schwierigkeiten, Gesichter zu erkennen, darin zu lesen oder auch gefühlsmäßig mit anderen in Resonanz zu treten. Das ist für diese Menschen wie eine Art Hellsichtigkeit, über welche die meisten Leute wie selbstverständlich verfügen, sie jedoch nicht. Darum ist es für sie oft so schwer, sich einen emotionalen Umgang mit anderen aneignen zu können, wie ihn Durchschnittskinder wie von selbst erlernen. Nach meiner Erfahrung haben manche Hellsichtige gewisse Einschränkungen in Bereichen der Wahrnehmung, die für uns Durchschnittsmenschen normal sind. Hellsichtigkeit ist auch eine Sache der Definition. Unsichtbare Welten gibt es in vielerlei Ausführung und aus mannigfachen Perspektiven. Ob wir sie eher dem Diesseits oder dem Jenseits zuordnen, hat mit unseren Glaubenskonzepten zu tun.

Hier ist auch der Ort, um über eine Art Scharlatanerie von Klienten und Schülern zu sprechen; denn allgemein im Gespräch sind die Kurpfuscher unter den Heilern und Medien. Dazu sei gleich vorweg gesagt, dass es diese zwar gibt, aber nicht in so großer Zahl, wie vielfach vermutet wird. Es tummeln sich nicht so viele absichtliche Betrüger in diesem Berufsfeld, wahrscheinlich nicht mehr als auf allen anderen Gebieten auch. Doch es gibt manche, die sich und ihre Fähigkeiten überschätzen oder eben ihre speziellen Wahrnehmungen für universell wahr halten. Und da spielt das, was ich »Scharlatanerie von Klienten und Schülern« nenne, eine bedeutsame Rolle.

Von manchen Klienten höre ich Sätze wie »Ich habe lange geglaubt, er wüsste alles, sehe alles und könne alles gefragt werden«, nachdem sie längere Zeit bei einem Heiler oder Medium gelernt haben oder sich haben beraten lassen. Aus dem Bedürfnis heraus, einen allwissenden Begleiter und Lehrer an ihrer Seite zu wissen, werden die Beschränkungen dieser Menschen in der Wahrnehmung ausgeschaltet. Das kann für den eigenen Heilungsprozess sogar über weite Strecken hilfreich sein, führt aber in anderen Fällen zu Verirrungen, die nicht leicht zu korrigieren sind. Deshalb der Rat: Schalten Sie niemals Ihr eigenes, kritisches Nachdenken zu lange aus. Trotzdem können Bewunderung und Verehrung auch für Heiler und Medien hilfreich sein, genauso, wie die Bewunderung des Vorbilds einem Opern- oder Showstar, aber auch einem Vortragsredner zu einer besonders guten Performance verhilft. Man baut sich gegenseitig auf. Der Lehrer, der Sie heilt, Ihnen Heilen oder Hellsichtigkeit beibringt, wird größer und größer, und Sie fühlen sich immer wichtiger, weil Ihr Lehrer immer wichtiger wird. Das ist mehr als eine simple Täuschung, es ist oft auch notwendig, kann aber zur »geistigen Inflation« führen, und dann folgt die Enttäuschung oder gar der Absturz. Besonders gefährlich wird es dort, wo Heiler und Medien eine Anhängerschaft um sich scharen und dafür eine Organisation aufbauen.

Die wirklich guten Heiler und Medien, die ihre volle Kritikfähigkeit auch in Hinblick auf sich selbst uneingeschränkt behalten, sind eher selten. Allerdings kann man das von uns Normalsterblichen auch sagen. Die Klienten und Schüler, oft sind es regelrechte »Fans«, leisten aber ihren Beitrag, um solche Menschen in Versuchung zu bringen, dass sie im Hinblick auf sich selbst unkritisch werden. Man könnte sagen, viele Klienten haben geradezu einen Hang, Scharlatanerie zu fördern, indem sie alles potenziell überschätzen, was aus unsichtbaren Welten stammen könnte.

Dieser Hang ist uns zum Teil angeboren. Von unseren tierischen Vorfahren haben wir es übernommen, Eltern und Gruppenführer zu imitieren und ihrem Wissen, ihrer Erfahrung uneingeschränkt zu vertrauen. Es ist heute anerkannt, dass die Fähigkeit, zu jagen und Futter zu finden, oder die Fähigkeit, im sozialen Gefüge der Gruppe zurechtzukommen, großenteils erlernt und nicht angeboren ist. Daher stammt auch unser Bedürfnis, zu jemandem aufblicken zu können, um zu lernen. Als Kinder sehen wir deshalb unsere Eltern als allwissend und allmächtig; und diese Einstellung hat die Tendenz, auch bei Erwachsenen erhalten zu bleiben. Da werden in einem Akt der Generalisierung Heiler und Medien mit Fähigkeiten ausgestattet, die sie oft nicht aufweisen. Eine Heilerin kann vielleicht gut Traumen aus der Vergangenheit erkennen. Automatisch wird angenommen, sie könne auch das persönliche zukünftige Schicksal oder die von einer höheren Welt erteilten Aufgaben eines Menschen oder eben jenseitige Sphären sehen. Das kann zutreffen, muss es aber nicht.

Eine andere Beschränkung von solchermaßen begabten Menschen hat mit der traditionellen Geringschätzung unserer gemeinsamen materiellen Welt zu tun beziehungsweise mit der Annahme, alle Informationen aus nichtmateriellen Ebenen seien von gottähnlicher Unfehlbarkeit. Die von mir hochgeschätzte medial und heilerisch sehr begabte Pamela Sommer hat dazu ein schönes Beispiel gegeben: Die lebende Großmutter einer Person meint, der neue Partner sei für die Enkelin unpassend und genüge den Ansprüchen nicht. In der Regel findet ein gesunder Mensch, das habe die Großmutter nicht unbedingt zu beurteilen und vor allem solle sie endlich aufhören, sich einzumischen. Wenn aber dieselbe Frau verstorben ist und der Mensch zu einem Medium geht, das erzählt, die dahingegangene Oma sei anwesend und halte den neuen Partner für ungeeignet, tendiert derselbe Mensch dazu, die eigene Meinung zurückzustellen und die vermittelten Aussagen als weise Erkenntnis zu nehmen, weil sie ja aus dem »Jenseits« stammen.

In die gleiche Richtung gehen Äußerungen, die ich von verschiedenen Heilerinnen und Medien gehört habe. Sie hätten nie ein Buch über Hellsichtigkeit oder über das Jenseits, sogar überhaupt keine Bücher gelesen. Alles sei ihnen aus geistigen Quellen vermittelt worden, sie hätten nur von geistigen Autoritäten und Lehrern gelernt. Das gilt bei vielen als wertvoller, als wenn jemand eine übliche Ausbildung in einem Institut oder bei einem Lehrer durchlaufen hat. Es wäre also wahrer und wertvoller, da es direkt aus der geistigen Welt stamme. Das ist nicht grundsätzlich ausgeschlossen, aber es kann auch genau umgekehrt sein. Oft ist es Ausdruck eines »autistisch-undisziplinierten Denkens«, wie der alte Psychiater Bleuler es schon bei Ärzten und Wissenschaftlern festgestellt hat. Warum haben fast alle diese Heiler ihre eigenen Methoden, ihre eigene Weltsicht? Warum interessieren sie sich nicht für die Konzepte der anderen? Warum gibt es keine Konferenzen und Tagungen, wo sie ihre Erfahrungen und Ansichten austauschen oder gemeinsame Standards festlegen? Es kann Ausdruck von Genialität sein, aber ebenso das Gegenteil, eben eine Tendenz zu Narzissmus und Autismus. Aus »geistigen« Welten stammende Informationen können teilweise sehr banal sein oder gar »niederträchtig dumm«, wie Schopenhauer bemerkt hat. Dem Bücherwissen begegnen die meisten Menschen mit ihrer normalen Kritikfähigkeit, selbst wenn dieses Wissen von einem medialen Lehrer vermittelt wird. Verschweigt dieser Lehrer aber, aus welchen Büchern er das Wissen hat, und lässt er die Schüler glauben, es stamme direkt aus geistigen Welten, hält man das kritische Nachfragen oft für unnötig. Man sieht das direkt vor Augen Liegende nicht mehr, weil man auf irgendetwas anderes fixiert ist.

Sie kennen vielleicht die Geschichte von jenem Mexikaner, der täglich mit dem Fahrrad und einem Sack Sand die mexikanisch-amerikanische Grenze überquerte. Der Zöllner war natürlich misstrauisch und vermutete noch anderes im Sack. Doch immer wenn er den Sack leeren ließ, war nur Sand darin. Verständlicherweise wurde der Zöllner sein Misstrauen trotzdem nicht los, kam aber dem »Sand-Radler« nicht auf die Spur. Nach einiger Zeit trafen sich die beiden des Öfteren in der Stadt und wurden schließlich Freunde.

»Ich werde dich nie verraten«, sagte der Zöllner eines Tages. »Doch sag mir mal, was an der Sache mit dem Sandsack faul ist.« »Der Sandsack ist nicht das Problem«, antwortete der Mexikaner, »ich schmuggle Fahrräder.«

# Materialismus tut allen gut

Alba ist Mitte sechzig. Auffallend neben ihrem Übergewicht ist das Graue, das sie umgibt. Man könnte sagen, sie »strahlt rundum Grauheit« aus. Kaum ein Funke Lebensfreude ist noch zu spüren. Bei oberflächlicher Betrachtung würden sie manche Ärzte vermutlich als »depressiv« bezeichnen. Aber »Depression« trifft die Sache nicht genau. Alba leidet unter einer sehr schmerzhaften, nicht therapierbaren Verspannung und Verhärtung der Muskulatur des ganzen Körpers. Ihr Hauptproblem aber ist ihr Messiesyndrom: ein Phänomen von Desorganisation, Chaos und sinnloser Anhäufung von Müll. In typischer Weise ist sie auf die Bewältigung des Chaos und die Loslösung von angesammeltem Abfall fixiert, ohne Erfolg zu haben. Alba sagt von sich selbst, sie lebe seit ihrer Adoleszenz »mit einem Bein im Kloster«. Gemeint ist damit ein ständiger Kampf gegen alles in unserer materiellen Welt, was Freude macht.

Sie erhielt im Teeniealter ein Buch mit dem Titel »Folge ihm nach«. Beschrieben war, wie man versuchen kann, den Opferweg Jesu nachzuvollziehen. Das hieß für sie: ständiger Kampf gegen das Bedürfnis der Selbstbefriedigung, gegen die Sexualität überhaupt und eben gegen alles, was zu den irdischen Freuden gehören könnte. Es führte zu lebenslangen heftigsten Schuldgefühlen, weil der eigene Organismus ihr immer wieder Niederlagen zufügte und ihre Absichten, den christlich-asketischen Opfergang nach ihren Vorstellungen zu vollziehen, zunichtemachte. Jetzt, mit mehr als sechzig Jahren, hatte sie es geschafft, sich nur noch einmal im Monat selbst zu befriedigen.

Dass die Verachtung alles Materiellen, inklusive ihres Körpers, eine ständige Selbstberaubung darstellt, hat sie sich nie klargemacht. Der Organismus, man könnte auch sagen die gesamte materielle Welt, aber wehrt sich und zwingt sie, in sinnloser Art und Weise alles Materielle anzusammeln. In »Versöhnen und Heilen« habe ich auch die Geschichte von Miriam geschildert, die sich, ihren Körper und die Welt der Materie ähnlich behandelt wie Alba. Miriam hat kein Messiesyndrom, dafür hat sie einen zu starken, jungen Willen. Aber ihr Organismus zwingt sie regelmäßig zum Stehlen von Prosecco. Und der Alkohol schwächt in einem

Akt der Selbstheilung ihre Willenskraft, die sonst ihre körperlichen Bedürfnisse und das Genießen alles Materiellen unterdrückt. Mit dem durch Alkohol geschwächten Willen kann sie für wenige Stunden eine Spur von widerwilligem Genuss an der materiellen Welt ausleben.

Doch zurück zu Alba. Auf die Frage, was ihr Freude mache, antwortete sie, den Kranken und Behinderten zu helfen. Es war natürlich kein Funken Enthusiasmus zu erkennen bei dieser Antwort. Es handelte sich um eine aus religiösen Motiven suggerierte Freude, die sich nur in ihrem Kopf abspielte. Alles Durchfragen war zuerst ergebnislos. Nichts schien sich zu finden an materiellen Freudenquellen, etwa ein warmes Bad, gutes Essen oder Trinken, Geld, Schmuck, eine behagliche Wohnung, körperliche Nähe. Alles war der Guillotine des »Folge ihm nach« zum Opfer gefallen und verdammt.

Schließlich fragten wir ihren Partner, wie er Alba eine Freude mache. Er antwortete: »Ich habe ihr eine Bluse mit aufgenähten glitzernden Plättchen geschenkt, sie hat Freude an diesen Glitzerdingen.« Erstmals kam ein schwaches Leuchten in Albas Gesicht, ein heller Strahl in das Graue, auch wenn sie sich nur knapp getraute, Spaß an so etwas Materiellem wie einer Bluse mit Pailletten zu haben.

Alba ist ein Extremfall, gewiss. Aber einer, der eine weitverbreitete Haltung in unserer Kultur widerspiegelt: die negative Einstellung gegenüber unserer materiellen Welt. Die Meinung, die Freude an der dinglichen Welt stehe einem spirituellen Leben, stehe der Liebe im Weg.

Ob die Behauptung stimmt, Hildegard von Bingen habe Materie und Liebe oft gleichgesetzt, weiß ich nicht. Doch glauben möcht ich's gern. Diese materielle Welt ist die Basis all unserer Erfahrungen und all unserer Freude, oft auch unseres Leids. Aber ihre spirituelle Seite wurde lange verkannt. Besonders waren es die materialistischen Forscher des neunzehnten Jahrhunderts, die der Materie zu neuem Ansehen verhalfen. So konnte der Mediziner und Physiologe Emil Heinrich Du Bois-Reymond sagen, er und sein Freund Ernst Brücke hätten sich »einen heiligen Schwur«

getan, bei ihren Untersuchungen an Lebewesen gebe es nichts außer physikalischen und chemischen Kräften. Wenn jetzt Quantenphysiker wie Hanspeter Dürr hundertfünfzig Jahre später behaupten, Materie sei ein unendliches Informationsfeld, das man auch »Geist« nennen könne, vermögen wir das als Resultat der Hinwendung zur Materie zu erkennen, wie sie die Naturwissenschaftler früherer Jahrhunderte geübt haben.

Die Charakterisierung der Materie als Informationsfeld oder Geist kommt wohl manchen Gottesvorstellungen sehr nahe: Sie steht in Verbindung mit allem und hat Zugriff auf alle Informationen. Die von der Esoterik oft herangeholten Quantenphysiker bieten uns eine schöne, hilfreiche und wohltuende Ansicht betreffend Materie, mit der sich erst noch nützliche Dinge für unser Leben entwickeln lassen.

Der Physiker Shimon Malin von der Colgate University meint, unsere Zivilisation befinde sich in einer Art schizophrenem Zustand, in dem etwa 40 Prozent unseres Wirtschaftsvolumens auf Produkte wie Elektronik zurückgehen, welche die quantenphysikalische Sichtweise der Materie voraussetzen. Wir würden aber in unserer Gesellschaft weiter die Ansichten des neunzehnten Jahrhunderts pflegen, die dem modernen Wissen über Materie in nichts mehr entsprächen.

Interessanterweise haben gewisse Schamanen tief im brasilianischen Urwald eine sehr moderne Auffassung von den materiellen und technischen Zusammenhängen. Deshalb können sie ihre westlichen Schüler auffordern, sich mit dem Geist des Außenbordmotors zu verbinden, wie das der Schamanismusforscher Michael Harner berichtet. Mir gefällt die Aussage des renommierten österreichischen Physikers Anton Zeilinger, der meint, unser Weltbild stehe überhaupt noch nicht fest und die nächsten Jahrzehnte würden in dieser Hinsicht sehr spannend werden. Für einen wie mich, der seine Kindheit noch vor dem Fernsehzeitalter erlebt hat, ist die technische Entwicklung in unserer Welt, besonders natürlich die Informationstechnologie, eine Geschichte von Wunder über Wunder!

Einen ähnlichen Zugang zur Materie wie die brasilianischen Urwaldschamanen haben die philippinischen Heiler, die ebenfalls stark von einer schamanischen Tradition geprägt sind. Florentino Moeta und sein Team heilen mit kochendem Kokosöl. Wenn es so richtig brodelt, also mehrere hundert Grad heiß ist, gehen sie mit bloßen Händen ins Ölbecken, um das Öl zu schöpfen und an den kranken Stellen aufzutragen. Und die philippinischen Geistchirurgen wie William Nonog, bei dem ich manche Wochen gelebt, gelernt und assistiert habe, behaupten, es gehe nur um eine andere Einstellung dem Körper gegenüber, wie dies grundsätzlich jedermann möglich sei.

Von Paracelsus gibt es ein Zitat, nach dem er einen ähnlichen Zugang zum Körper gehabt haben muss wie die philippinischen Heiler. Diese grundsätzlich für jedermann mögliche Sichtweise und ihre Wirkung habe ich beim Feuerlaufen kennengelernt, zu dem ich einmal zufällig geraten bin. Zwar habe ich mir mit meinen Zweifeln die Füße verbrannt, durfte aber zuschauen, wie selbst Kinder mit der Zeit immer frecher und langsamer über den Glutteppich gelaufen sind. Zu diesen Erfahrungen passt die Behauptung von Anouk Claes, die Materie lasse sich von unseren Erwartungen beeinflussen und wirke, je nach unseren Einstellungen, eher schädlich oder eher schützend auf uns. Das ist auch bekannt aus der Placeboforschung. Diese zeigt wissenschaftlich bestätigt, dass die Materie in ihrer Wirkung sich nach unseren Erwartungen richten kann. Und die Quantenphysiker bleiben bei ihrer Behauptung, die Materie erhalte ihre Eigenschaften durch unsere Beobachtung oder Messung, auch wenn selbst der große Einstein das als »Spuk« bezeichnete und ich selbst dies, wie wohl die meisten Menschen, natürlich nicht richtig verstehen kann. Faszinierend und wohltuend ist die Ansicht trotzdem, weil es der Verteufelung der Materie widersteht.

Die Materie in Form unseres Körpers zu lieben, können die meisten noch leicht nachvollziehen. Auch nicht so schwierig ist es, wenn uns Materie in Form hübscher Schuhe oder Kleider begegnet oder als schönes Auto. Falls Ihnen das nicht so gelingt, dann mögen Sie sich an das Bibelwort erinnern: »Wenn ihr nicht werdet wie die Kinder …« Sicher haben Sie schon einmal miterlebt, mit welch freudiger Neugier sie sich alles in unserer materiellen Welt aneignen wollen. Nicht zu reden von der ansteckenden Faszination, welche die moderne Technik auf sie ausübt!

Ich hoffe, Sie können die Wohltat dieser Sichtweise spüren, die materiellen Dinge dieser Welt seien genau so spirituell wie alles Nichtmaterielle. Die Abwertung oder gar Verdammung des Materiellen brauchen wir nicht mehr. Ich hoffe, dass uns allen die Augen aufgehen und wir irgendwann über den Glauben staunen, wir würden der Erde und unserem Leben einen Dienst erweisen, wenn wir die materielle Welt nicht lieben, sondern mit Misstrauen oder Ablehnung behandeln. Wir haben selbst eine durch und durch materielle Basis. Wenn wir die materiellen Güter lieben, erweisen wir unserer Erde, der Natur und unserem Körper die ihnen zukommende Ehre. Es ist für mich ein wohltuender Gedanke, davon auszugehen, dass so etwas wie eine göttliche Energie existiert, die alles durchdringt oder erfüllt und alles untereinander mit Bewusstsein verbindet.

Kürzlich warnte der Papst auf einer Afrikareise vor der »Tyrannei des Materialismus«. Doch die Pracht der Bekleidung, der Insignien und Kulträume bezeugen Gott sei Dank auch bei ihm und seinem Team die Liebe der Kirchenfürsten zu materieller Schönheit, Prunk und Reichtum, was eben zum Materialismus gehört. Diese Liebe fehlt, wie bei Alba, bei vielen Menschen, insbesondere bei solchen, die sich auf einem »spirituellen Weg« befinden. Es passt aber nicht mehr in unsere Zeit, wenn der Prunk den Kirchenfürsten vorbehalten ist, während für die Gläubigen gelten soll: »Folge ihm nach in Sack und Asche!« Bedauerlicherweise hat der Papst seine Rede wider den Materialismus und die moderne Gier nicht in einem jener afrikanischen Gebäude gehalten, in denen seinerzeit überirdisch der Kirchen- oder Messeraum und unterirdisch das Verlies eingerichtet war, wo die angeketteten Schwarzen bis zur Verladung auf die Sklaventransportschiffe dahinsiechten.

Besonders misstrauisch sind viele gegenüber dem Geld. Die Finanz- und Wirtschaftskrise verführt viele Menschen dazu, zu glauben, die Gier der Menschen nach Geld und materiellen Gütern sei plötzlich viel größer geworden. Die Finanzkrise suggeriert, die Freiheit der Märkte vergrößere die Habsucht und den Egoismus. Ich sehe das nicht so. Das Habenwollen war schon immer ein Grundzug des Menschen und reicht bis ins Tierreich zurück. Im Alten Testament, in der Geschichte des Christentums, bei der Entdeckung der Neuen Welt, zur Zeit der Sklaverei und nachfolgend des Kolonialismus wurden ganze Völker abgeschlachtet und unterdrückt, um an Geld und Güter zu kommen. Da ist die Gier der modernen Banker und aller Anleger im Vergleich geradezu harmlos. Das soll die Banker trotzdem nicht vor Strafe bewahren, falls sie kriminelles Handeln etwa bei Steuerhinterziehung und Ähnlichem unterstützt haben! Selbst die Vatikanbank war mindestens bis gegen Ende des zwanzigsten Jahrhunderts in schmutzige Geldgeschäfte verwickelt und soll Mafiagelder gewaschen haben. Wenn Benedikt jetzt solche Praktiken unterbindet, umso besser. Trotzdem hat er in meinen Augen wenig Grund, den Materialismus der anderen im Zusammenhang mit der Finanzkrise zu geißeln. Und wenn der Schweizer Bundespräsident 2009 zum Nationalfeiertag wie alle anderen über die Habgier der Banker schimpft und die hehren Werte ihrer Berufskollegen vor zweihundert Jahren preist, dann hat er einfach zu wenig Kenntnisse von Wirtschaftsgeschichte. Wir wissen um den immensen Reichtum, den Schweizer Bank- und Handelshäuser damals mit den Sklaventransporten nach Übersee erwarben, mit den durch Sklavenarbeit bewirtschafteten riesigen Plantagen und mit schwerwiegenden Zollvergehen.

Mit vielen ähnlichen Beispielen kann man zeigen, wie die sogenannte Gier immer bei den Menschen war und seit jeher von der Evolution benutzt wurde, um Veränderungen des Lebens auf diesem Globus voranzubringen, mindestens seit es lebendige Zellen auf dem Planeten gibt. Der erste Schritt zu einer allfälligen Verbesserung ist, dass wir diese Eigenschaften in uns selbst erkennen und sie nicht in andere als neuartige Entgleisung projizieren. Wir Menschen in den reichen Ländern mögen uns einbilden, nicht gierig zu sein, solange wir den armen Ländern die Preise für unsere Produkte und für ihre Rohstoffe immer noch weitgehend diktieren können …

Geld ist jene Form der Materie, in der das spirituelle Element besonders deutlich wird. Vor allem durch Geld kann sich unsere Natur deutlich manifestieren, die als Gier beschimpfte Freude an den materiellen Gütern, die immer auch Kreativität und Kunst mobilisiert hat. Wir haben gelernt, große kulturelle Leistungen seien vor allem dort entstanden, wo großer Reichtum vorhanden gewesen sei. Wo Handelsstraßen und Handelsstädte entstehen konnten, sind bald die kulturellen Werke und Künste aller Gattungen aufgeblüht. Heute bewundern wir diese alten Kulturgüter überall auf der Welt und vergessen leicht, dass sie nur durch Reichtum ermöglicht wurden. Menschen, die den spirituellen Wert des Geldes erkennen und schätzen, werden durch Geld dazu verführt, sich selbst und anderen Freude zu bereiten – indem sie beispielsweise durch Kunst und Luxus Schönheit schaffen oder durch wissenschaftliche und technische Innovationen neuen Reichtum entstehen lassen, der sich mehr und mehr auf dem Globus ausbreitet. Warum sollen Mode- und Schmuckdesigner weniger zur Lebensfreude und damit zu einem spirituellen Leben beitragen als ein Michelangelo, der dank des Reichtums von Kirche und Adel wunderbare Werke schuf? Hätten Mozart, Goethe, Schiller überhaupt ihre Werke schaffen können ohne die Unterstützung reicher Mäzene?

Die meisten wirklich schönen Dinge wären ohne reiche Menschen nicht entstanden. Das hat der real umgesetzte Sozialismus während der Sowjetzeit besonders deutlich gezeigt. Und es ist nicht zufällig, dass China, obwohl weiterhin kommunistisch, wieder privaten Reichtum zulässt. Die Voraussetzung von Stiftungen, gegründet durch reiche Menschen, für große wissenschaftliche und künstlerische Leistungen besteht genau so wie früher, auch wenn heutige Stiftungen vielleicht stärker die Gesundheit und die Befreiung aus der Armut im Brennpunkt haben. Nicht nur Melinda und Bill Gates oder Warren Buffett haben große wohltätige Stiftungen gegründet, die Mehrzahl der reichen Menschen hat es getan und tut es immer noch. Das heißt nicht, dass diese Menschen den Reichtum nicht lieben. Eine wohltätige, gemeinnützige Stiftung zu gründen, lässt sich zurzeit als Statussymbol kaum überbieten! Und nicht zuletzt ist dieser durch Innovationen ständig wachsende materielle Reichtum Grundlage und Voraussetzung dafür, dass sich die Menschen global näher kommen und ganz langsam gegenseitigen Respekt lernen.

Heute existiert Geld zur Hauptsache als bloße Information in den Geldinstituten in Form von Kontozahlen, Wertpapieren der verschiedensten Art und schließlich als Geld in Form von Noten und Münzen. Letztere Art macht nur noch einen kleinen Bruchteil der vorhandenen Geldmenge aus, und auch die hat keinen realen Substanzwert, sondern bildet im besten Fall ein Symbol für realen Wert. In Deutschland soll der Geldwert in Form von »Information«, also ausschließlich in Zahlen, siebzehnmal größer sein als sich tatsächlich im Umlauf befindendes Geld in Form von Noten und Münzen. Jedenfalls war das vor der Finanzkrise so. Auch bei Normalverbrauchern ist heutzutage in der Regel mehr Geld in Form von reiner Information als in Noten und Münzen vorhanden. Wir haben Kreditkarten von Banken und Firmen, Kontoauszüge, aber auch Kontrakte wie Arbeitsverträge sowie Kauf- und Verkaufsdokumente, die genaugenommen Geldwerte darstellen, aufgrund deren wir beispielsweise Kredite erhalten.

Unmerklich hat sich das Geld der modernen Struktur der Welt angepasst und ist nicht mehr so lokal greifbar. Wo ist das Geld denn tatsächlich? Ist es auf unserer Kreditkarte, auf einer Bank, auf der Zentralbank eines Landes? Ist es in Form von Aktien und Derivaten über die ganze Welt verteilt? Oder ist es bei einer internationalen Organisation, oder existiert es überhaupt nur in unseren Köpfen? Es ist ähnlich wie mit den vielen übrigen Informationen, die sich derzeit ausbreiten, insbesondere durch das Internet.

Bewusstsein, Informationen und Geld sind heute weitgehend überall. Information lässt sich beliebig vermehren und in alle Computer und in jedes Bewusstsein der Welt verbreiten, ohne dass sie am Ursprungsort verloren ginge. Überall kann sie damit ihre

Wirkung ausüben, und nie wurde deutlicher als durch die Finanzkrise, dass die Menge der vorhandenen Mittel hauptsächlich durch unsere Einstellung bestimmt wird. Geld existiert heute mehr auf einer geistigen oder virtuellen Ebene, entfaltet aber ständig einen Einfluss in die materielle Welt hinein. Man könnte sagen, das Wirken des Geldes wird dem der Engel immer ähnlicher. Von denen wird auch gesagt, sie wirkten aus einer immateriellen in die materielle Welt hinein. Und diese Prozesse laufen immer schneller ab und sind immer stärker durch unser Bewusstsein gesteuert. Deshalb wird es weitere Finanzkrisen geben. Doch lassen wir den Politikern den Glauben, sie könnten diese Prozesse in den Griff und unter ihre Kontrolle bringen mit vielen neuen Vorschriften, die vielleicht sogar teilweise notwendig sind, auch wenn ihre Wirkung äußerst begrenzt sein dürfte.

Geld ist zu einer der wichtigsten Kräfte unserer weiteren Evolution geworden. Es vermittelt die Energien, indem es einem natürlichen Gefälle folgend dorthin fließt, wo es wirken kann und wo ein gutes Verhältnis von Gewinnchance und Verlustrisiko besteht. Der Motor des Ganzen ist die Freude an materiellen Gütern, der vom Papst und vielen anderen verurteilte Materialismus, das, was viele so gern als »Gier« beschimpfen. Durch die Geldflüsse geschehen ständige Bewertungen, das Gute wird vom Besseren verdrängt, vergleichbar dem Selektionsprozess in der Natur. Wie dort werden neben den unvermeidlichen Irrtümern, die zu jeder irdischen Evolution gehören, längerfristig die guten und hoffnungsvollen Entwicklungen gestärkt. Der vor Jahrmillionen von der Natur erfundene Evolutionsvorgang findet in der Menschenwelt seine Fortsetzung, und das Geld ist dafür eine Art Nährboden und Vermittler. In diesem Sinne ist es dem Wasser oder noch mehr dem Blutkreislauf vergleichbar. Der Blutkreislauf bringt die lebenswichtigen Energiereserven und Stoffe bis in kleinste Verzweigungen dorthin, wo sie gebraucht werden. Im Körper ist es die Gier der Zellen, die wachsen wollen. Auf unserem Globus ist es die Gier der Menschen, welche die Materie ohne zu viele Beschränkungen genießen und ihre Projekte voranbringen wollen.

Am 17. September 2007 sagte der frühere UNO-Generalsekretär Kofi Annan in einer Rede, man finde heute fast in jedem Dörfchen auf der Welt Coca-Cola-Flaschen, aber mit den Impfungen gelange man nie so weit. Die humanitären Organisationen müssten viel mehr mit der Wirtschaft zusammenarbeiten und von ihr lernen! Letztlich sind es das Geld und die Technik, die am erfolgreichsten religiöse und ideologische Schranken in unserer modernen Welt überwinden können.

Wer letztlich negativ denkt über das Geld und es geringschätzt, kann noch so viel besitzen, er wird damit kaum glücklich sein. Er lebt im Armutsbewusstsein und wird gerade deshalb immer mehr anhäufen müssen, weil er in der ständigen Angst lebt, es zu verlieren und weniger zu haben als andere. Dieser Menschentypus ist wunderbar dargestellt durch Onkel Dagobert. In diesem Bewusstsein verpasst man das Genießen. Oder man fühlt sich ständig benachteiligt, sei es von den Regierungen, von den Arbeitgebern oder vom Finanzamt.

Als großes Plus unserer Zeit ist es heute viel mehr Menschen möglich, reich und superreich zu werden und zu sein, ohne dass sie aus entsprechenden Familien stammen müssen. Warum wird das große Geld den Sport- und Unterhaltungsstars nicht geneidet, hingegen den Managern, die sich doch viel mehr um eine gute Rendite bemühen, beispielsweise der Pensionskassen? Die Bankmanager bereiten uns nicht so direkt und sichtbar Freude wie die Stars, darum eignen sie sich viel besser als Sündenböcke, auf die wir unsere eigene Gier projizieren können, sofern wir die Freude an dem, was wir haben, bei uns nicht zuzulassen vermögen. Die Ökonomen und gewisse Glücksforscher behaupten, die hohen Managerlöhne würden das Klima vergiften. Ich denke, das ist falsch formuliert. Ich würde sagen, die hohen Managerlöhne geben gewissen Menschen eine Rechtfertigung für ihre Abwertung des Materiellen und die fehlende Freude an dem, was sie haben.

Glauben Sie wirklich, bei den Tausenden von Milliarden, um die es bei Banken und Nationen in der Finanzkrise ging und geht, hätten die paar Dutzend Milliönchen, welche die Topmanager »abgezockt« haben, eine entscheidende Rolle gespielt? Hauptsächlich spielte der Wunsch nach hoher Rendite die entscheidende Rolle bei allen, welche die Möglichkeit hatten, Geld anzulegen. Das gilt auch für Regierungen und für viele für die Allgemeinheit bestimmte Organisationen Und wie wir wissen, hat man auch früher kaum feste Preise gehabt, sondern versucht, jedes Mal das Maximum herauszuholen. Eine uralte Form der Profitmaximierung, die heute als verderbliche Gier beschimpft wird, wenn sie sich an den Börsen abspielt. Als exotisch und interessant aber gilt der gleiche Vorgang in einem orientalischen Basar.

Sehr viele Menschen, die gern wohlhabend oder reich sein möchten, bekommen geradezu Angst, wenn sie sich selbst konkret im Reichtum vorstellen sollten. Angst, den Reichtum wieder zu verlieren, Angst, nicht damit umgehen zu können, Angst, kein guter Mensch zu sein, ein schlechtes Gewissen gegenüber Gott und der Welt. Wir wissen aber, dass die Vorstellung eine mächtige Kraft in unserem Leben sein kann.

Könnten Sie einfach mal beginnen, sich über jeden reichen Menschen zu freuen? Sie dürfen dabei auch neidisch sein, das schließt sich ja nicht aus. Pflegen Sie den Wunsch, verschwenderisch, aber auch wohltätig sein zu können. Das ist in sich genussvoll. Und in der Lage zu sein, zu schenken, bedeutet immer Luxus. Und es ist eine Ehrerbietung gegenüber der Erde. Niemand ist so verschwenderisch, schenkend und wohltätig wie die Natur auf unserer Erde. Ich glaube, die Natur und die Erde sehen immer die Fülle, auch dort, wo wir nur Kargheit erkennen.

Zwei Themenkreise unserer materiellen Welt im Bereich der modernen Wissenschaft und Technik benötigen besonders unsere Liebe! Die Kernkraft-Energiegewinnung und die Gentechnik. Wie subjektiv verzerrt hier die Wahrnehmung ist, sei an tatsächlichen Ereignissen illustriert. 1984 und 1986 ereigneten sich zwei große Katastrophen, das Chemiedesaster in Bhopal und das Reaktorunglück in Tschernobyl. Obwohl die Zahl der Todesfälle, der Langzeitkranken und der Totgeburten und die DNA-Schäden beim Chemieunfall bis über das Hundertfache größer waren und sind, mobilisiert nicht die Chemie, sondern die Kernkraft ständig unser Angstpotenzial. Das ist zwar verständlich nach den Atombomben, trotzdem irrational. Hätten wir kollektiv eine freundlichere Einstellung gegenüber der Kernkraft, würden wir sicher schneller Lösungen für die Aufarbeitung der radioaktiven Rückstände finden, wie es bei den Chemieabfällen auch immer besser gelingt. Diese Lösungen kommen mit Bestimmtheit früher oder später, denn die Kernkraftwerke werden nicht mehr von unserer Erde verschwinden.

Könnten wir nicht einfach aus der Geschichte lernen, wenn es um Technikangst oder -freundschaft geht? In England warnten seinerzeit die Experten, Elektrizität sei viel zu gefährlich für die Allgemeinheit. Lord Kelvin, der berühmteste Physiker seiner Zeit, war überzeugt, Maschinen schwerer als Luft könnten niemals fliegen. Vielerorts wurde die Eisenbahn als gefährliches Ungeheuer mit Volksaufläufen und unter Mithilfe von Sensen und Äxten bekämpft; und in Graubünden waren die Autos, diese »Teufelskarren«, fünfundzwanzig Jahre auf dem ganzen Kantonsgebiet verboten.

Die moderne Genforschung hat herausgefunden, dass die Übertragung von Gensequenzen von einem Organismus zum anderen, sogar von einer Art zur anderen, von der Natur schon seit Millionen Jahren praktiziert wird. Gerade das wird aber von den Gentechnikgegnern als höchstes aller Übel eingestuft, sodass sie diese Art der Genforschung am liebsten ganz verbieten möchten. Auch hier dürfte es nur eine Frage der Zeit sein, bis sich die Gentechnik offiziell auf breiter Front durchsetzt. Im Geheimen hat sie es schon getan. Nur weltfremde Idealisten nehmen das nicht zur Kenntnis!

Können Sie erkennen, dass dies alles auch geistige Vorgänge sind? Immer habe ich die Naturwissenschaften, die sich eben mit den materiellen Aspekten unserer Existenz befassen, als spirituelles Element gesehen. Als die Menschen begannen, sich der Materie vermehrt zuzuwenden, sie zu erforschen und ihre Gaben und Möglichkeiten zu nutzen, leiteten sie die Aufklärung und letztlich die Entwicklung der Menschenrechte ein. Etwas, was keine Religion in Tausenden von Jahren zustande gebracht hat. In jungen Jahren vernahm ich zwar von indischen Weisheitslehrern, die Materie sei auch geistig. Aber erst allmählich glaube ich, ein wenig davon etwas besser zu verstehen, und mein ergriffenes Staunen nimmt ständig zu. Die Hinwendung und die Liebe zur Materie bescheren uns täglich neue Wunder!

# Du sollst negativ denken

Die dreiundsechzigjährige Anna leidet seit vielen Jahren an ständigen Infektionen ihrer Harnblase. Zur gemeinsamen Konsultation mit Anouk Claes schreibt sie: »Warum ich zu Ihnen komme? Weil ich schon unzählige Blasenentzündungen mit Antibiotika behandeln musste. Allein von Februar 2008 bis Juli 2009 musste ich auf ärztliche Anordnung elfmal Antibiotika nehmen. Abklärungen durch verschiedene Ärzte ergaben keinen ersichtlichen Grund für die Beschwerden. Es wurden auch dreimal die Nieren und die Blase geröntgt und zwei Blasenspiegelungen gemacht. Und etliche Allergietests ergaben keine krankhaften Befunde. Weil es mir bis jetzt mit keiner Therapie gelungen ist, meine Unterleibsgeschichte in den Griff zu bekommen, möchte ich mit Ihrer Hilfe weiter nach den rätselhaften Ursachen suchen.« Tatsächlich hatte Anna früher auch eine vielfältige Lebensmittelallergie, die nach Behandlungen bei dem von mir sehr geschätzten Heiler Fredy Wallimann völlig verschwunden war. Die Blasengeschichten jedoch waren geblieben.

Bei der Konsultation sieht Anouk auf Anhieb, dass das »negative Denken« von Anna völlig unterdrückt wird. Anna schildert daraufhin, wie sie in einem »stockkatholischen Dorf« aufgewachsen sei und immer versucht habe, die christliche Lehre auch praktisch zu leben. Dazu gehörte, keine negativen Gedanken zu haben und nicht zu urteilen. Und gerade das sieht Anouk nicht selten als Ursache für Beschwerden, wie Anna sie hat.

Der Ratschlag lautet daher, dass sie wieder negative Gedanken zuzulassen lernen und im täglichen Leben möglichst viel bewerten und beurteilen soll. Solch eine Empfehlung mag manche Menschen erstaunen oder gar schockieren. Nicht nur in der christlichen Religion ist negatives Denken verpönt und wird mit allerhand nachteiligen Folgen in der jetzigen und allfällig nachtodlichen Existenz assoziiert.

In meinen jungen Jahren habe ich viele Bücher über positives Denken gelesen, angefangen bei Dale Carnegie, weiter zu Joseph Murphy und Norman Vincent Peale und anderen. Die dort vertretenen Theorien haben mir sehr eingeleuchtet. Mit der Praxis allerdings haperte es. Ich verspürte keine große Wirkung, war bald demotiviert und gab die nutzlosen Anstrengungen wieder auf. In der Behauptung, wir würden anziehen, was wir denken, liegt eine große Faszination. Und die These, wir könnten mit positivem Denken Glück und Erfolg begünstigen, begründet einen Millionenmarkt durch den Verkauf von Büchern sowie DVDs und Auflagensteigerungen bei Zeitschriften und Magazinen in den Bereichen Motivationstraining, Religion und Esoterik.

Wohl jeder wird die Ratschläge kennen, nicht negativ zu denken und keine negativen Gefühle zuzulassen. Wenige Menschen haben sich der Überzeugung entziehen können, sogenanntes negatives Denken und Fühlen beeinflusse das eigene Schicksal vor und nach dem Tode ungünstig. Und obwohl weder die eine noch die andere Methode bei mir großen Nutzen zeigte, so schleppte ich die entsprechenden Theorien doch irgendwie halbbewusst mit mir, auch wenn in Psychologie und Psychotherapie durchaus andere Ansätze existieren. Ich hatte mir auch klargemacht, dass »negativ« und »böse« sehr subjektive Begriffe sind, die von Mensch zu Mensch und von Gesellschaft zu Gesellschaft sehr verschieden angewendet werden. Für den früheren amerikanischen Präsidenten Bush gab es beispielsweise die Achse des Bösen, und da bedeutete »böse« etwas ganz anderes als etwa für die Islamisten. Die gleichen Unterschiede finden wir zwischen jüdischen Siedlern und den Palästinensern, wie ich im ersten Kapitel beschrieben habe.

Entscheidende neue Hinweise erhielt ich dann von Anouk. Immer wieder kamen Menschen wie Anna, zu denen Anouk sagte, sie hätten ein »genervtes Ego«. Das Ego als wichtige Instanz unseres irdischen Lebens müsse auch werten, ergo negativ denken können. Allerdings gab es schon früher Weisheitslehrer, die erkannt und gelehrt haben, dass wir in unserer irdischen Existenz auf Unterscheiden und Bewerten angewiesen sind. Tatsächlich waren viele Menschen leer und erschöpft, wenn sie zu uns kamen, nachdem sie jahrelang versucht hatten, negatives Denken und Fühlen aus ihrem Bewusstsein zu verdrängen. Und in krassen Fällen kam es zu körperlichen Erkrankungen wie bei Anna.

Die neuen Erkenntnisse der Hirnforscher bestätigen mir diese Sichtweise. Nur positiv denken und fühlen zu wollen, ist nach dieser modernen Forschung unmöglich. Heute ist es unglaublich spannend, diese Mechanismen des Urteilens und Bewertens durch die Hirnforschung im Detail kennenzulernen.

Unser Gehirn benötigt nur eine Viertelsekunde, um ein Gesicht zu erkennen und eine erste Bewertung vorzunehmen. Die Entscheidung »positiv oder negativ« geschieht in unserem Organismus also, bevor uns dies richtig bewusst werden kann. Die Grundlage für die Bewertung liefern die früheren Erfahrungen, die in den tieferen Hirnschichten gespeichert sind und die jederzeit für die Einschätzung des Neuen aktiviert werden können. Durch dieses Vergleichen geschieht ein ununterbrochenes Lernen, auch ohne dass wir das bewusst wollen.

Die Bewertung neuer Erfahrungen gibt uns die Möglichkeit, uns in dieser Welt zurechtzufinden und hilfreiche von gefährlichen Begegnungen zu unterscheiden. Ein Jungtier in der freien Natur muss von Geburt an in der Lage sein, in kürzester Zeit die nährende und schützende Mutter von einem Fressfeind zu unterscheiden. Sein Überleben hängt davon ab. Diese evolutionär herausgebildete Fähigkeit, »Gut« und »Böse« zu unterscheiden, mit den entsprechenden Abläufen im Gehirn und in der Hormonproduktion, haben wir offensichtlich behalten, auch wenn sie in unserer modernen Welt nicht mehr die gleiche Bedeutung hat. Wir sehen einen Menschen, der einem gefährlichen Verbrecher ähnelt, welcher im Fernsehen gezeigt worden war. Unser Gehirn reagiert sofort mit einer Alarmreaktion und löst die Produktion von Stresshormonen aus, die uns auf Kampf oder Flucht einstimmen. Die Ausschüttung dieser körpereigenen Hilfsstoffe für unsere Flucht oder unseren Kampf ist bereits in vollem Gange, wenn uns die Situation richtig klar wird. Manchmal laufen die Vorgänge gar ohne unsere bewusste Steuerung ab. Ob wir eher Angst und den Wunsch zu fliehen verspüren oder wütende Aggression und den Impuls zu kämpfen, hängt von der konkreten Situation und eben von der Auswertung der früheren Erfahrungen in unserem Gehirn ab. Aber diese Bewertung und Entscheidung läuft erst, wenn die

Informationen aus den älteren Hirnstrukturen in unser Stirnhirn gelangen, wo vor allem die bewusste Steuerung angesiedelt ist. Die kommt in Extremfällen kaum mehr richtig zum Zuge. In einem stark brennenden Haus werden wir reflexartig davonrennen. Für bewusstes Planen und Entscheiden bleibt keine Zeit mehr. Unser Körper ist also biologisch auf ständiges Bewerten in Sekundenbruchteilen eingestellt. Er kann zu unserem Glück nicht anders. Wäre das nicht so, wären vermutlich viele von uns bereits umgekommen, zum Beispiel von einem Auto überfahren worden.

Bei einem Menschen wie Anna funktioniert es nach heutiger Erkenntnis wohl etwa so: Die Alarm- und Bewertungsvorgänge in den tieferen Hirnstrukturen laufen unabhängig vom Bewusstsein ab. Die entsprechende Hormonproduktion wird fast gleichzeitig in Gang gesetzt. Dann kommen die Informationen ins Stirnhirn und damit zum Bewusstsein, und dort kommt das »Halt, du darfst nicht urteilen und nicht negativ denken!«. Dieser Impuls kann also erst wirken, wenn der grundlegende Vorgang schon in Gang gesetzt ist. Man könnte sagen, der Motor werde ständig angeworfen und wieder abgewürgt. Es ist leicht nachzuvollziehen, wie viel Stress der Körper durch diese widersprechenden Botschaften und durch die zusätzlich entstehenden Schuldgefühle ständig aushalten muss. Diese sogenannten negativen Eindrücke sind damit nicht einfach weg, sie haben im Körper bereits ihre Spuren hinterlassen. Und die negative Erfahrung wurde so oder so gemacht, ob wir das wahrhaben wollen oder nicht.

Wie befreien wir uns wieder davon, wenn wir den bewussten Anteil an der Arbeit nicht leisten? Grob ausgedrückt heißt das: Die Blase ist frustriert, dass sie alles Negative, »den ganzen Seich«, allein und gegen Widerstand hinausschaffen muss!

Die Bewertungsvorgänge im Gehirn laufen ebenso schnell ab, wenn wir angenehme Erfahrungen machen. Genauer müssten wir sagen: wenn wir Erfahrungen machen, die unser Gehirn aufgrund der gespeicherten Daten als angenehm und ungefährlich bewertet. In diesem Fall werden andere Gene aktiviert, die auch andere Hormone und damit andere Gefühle auslösen.

Der Zusammenhang zwischen Hormonausschüttung und Gefühlen wird anschaulich von Candace B. Pert in ihrem Buch »Moleküle der Gefühle« beschrieben. Wichtig ist die Erkenntnis, dass sowohl sogenannte negative Gefühle wie Wut und Angst als auch positive wie Liebe und Glücksempfinden eine eingespielte biologische Grundlage haben, von uns primär in ihrer Entstehung wenig beeinflusst werden können und auch nicht sollten. Leider sind die meisten Menschen anders erzogen worden. Es werden einige Gefühle als positiv, die anderen als negativ bewertet. Es spielt keine Rolle, ob wir glauben, die Evolution oder der liebe Gott habe diese körperlichen Grundlagen geschaffen – oder sie seien von göttlichen Astronauten von anderen Sternen auf die Erde gebracht worden. Es sind biologische und weitgehend automatisierte Abläufe wie der Herzschlag, die Atmung und die Arbeit von Niere, Leber und allen anderen Organen unseres Körpers. Käme es uns in den Sinn, die Funktion der einen als positiv, die der anderen als negativ zu sehen? Herz und Lunge als gut und gottgewollt zu preisen und Leber und Niere als böse? So verfahren wir mit unseren Gedanken und Gefühlen. Menschen, die versuchen, die als negativ bewerteten Gedanken und Gefühle zu unterdrücken, kämpfen einen ähnlich hoffnungslosen Kampf, wie wenn sie versuchten, ihren Herzschlag zu stoppen. Allerdings gibt es einen wichtigen Unterschied: Der Herzschlag ist so geregelt, dass er nur in außerordentlichen Situationen wahrgenommen wird wie bei Krankheit oder großer körperlicher Anstrengung. Die Gefühle und Gedanken werden uns häufiger bewusst. Mit unserem Alltagsbewusstsein können wir die Verantwortung aber nicht übernehmen für das sekundenschnelle Entstehen unserer Gefühle und der begleitenden Gedanken. Allerdings sind wir großteils verantwortlich für die Handlungen, die wir daraus ableiten.

Wenn wir die Gefühle ins Bewusstsein kommen lassen, bestimmen sie unser Handeln weit weniger, als wenn wir sie in der irrtümlichen Meinung unterdrücken, wir könnten ausschließlich positiv und liebevoll fühlen und denken. Lassen wir sie in unserem Bewusstsein zu, können wir freier entscheiden, ob wir unsere Wut nur innerlich spüren oder ob wir sie in ihrer ganzen Fülle zeigen und sogar entsprechende Handlungen ausführen wollen. Diese Gefühle und Gedanken aber trotz ihrer biologischen Entstehungsweise aus dem Bewusstsein fernzuhalten, führt in der Regel zu ähnlichen Spannungen wie das Unterdrücken der Sexualität. Man benötigt dafür einen ständigen Energieaufwand. Und immer wieder kommt es zu ungewollten Entladungen.

Jedermann kann sich vorstellen, was passiert, wenn die körperlichen Reaktionen in Gehirn und Körper nach wie vor ablaufen und damit auch die Hormonausschüttungen, während der Mensch gleichzeitig versucht, diese Vorgänge zu unterdrücken. Unangenehme Symptome, Schmerzen und eigentliche psychische oder körperliche Krankheiten sind eine logische Folge. Das ist seit Freud bekannt. Ein wichtiger Schritt, um gesund zu werden und zu bleiben, heißt darum: alle Gefühle, auch die sogenannten negativen, als sinnvolle Ausstattung für unser irdisches Leben zu sehen, die uns nicht ohne Grund von Gott oder der Evolution zur Verfügung gestellt wurden. Diese Auffassung ist übrigens nicht neu. Schon Philosophen wie Platon, Spinoza und Descartes vertraten die Ansicht, dass die Emotionen das Resultat unserer Bewertungen von allen bedeutsamen Ereignissen sind und uns damit ermöglichen, sinnvoll auf diese zu reagieren: vor einem schnell nahenden Auto auf die Seite zu springen, sich vor einem gewalttätigen Menschen in Sicherheit zu bringen, aber auch entspannt über einen Straßenclown zu lachen. Moderne Wissenschaft nennt das »Appraisal«, was nichts anderes heißt als »Bewertung« oder »Beurteilung«, und das ist weder gut noch schlecht, sondern einfach notwendig. Ob wir positiv oder negativ über eine Erfahrung denken, hängt von der Geschichte unseres bisherigen Lebens und den gespeicherten Bewertungen ab. Eine muslimische Frau mit einer Burka wird bei den meisten Menschen in unserem Land eher »negative« Gedanken und Gefühle auslösen, umgekehrt in konservativ islamischen Ländern überwiegend »positive«. Die Entscheidung, was negativ und was positiv ist, gut oder böse, liegt bei uns. Und die sogenannten negativen Emotionen sind nicht unangenehm, wenn wir sie nicht unterdrücken. Also müssen auch die

Empfindungen von Wut, Eifersucht und Trauer nicht unangenehm sein, wenn ihnen die notwendige Achtsamkeit zukommt.

Halten wir uns nochmals vor Augen: Die Gefühle und begleitenden Gedanken entstehen ohnehin in uns, und zwar noch schneller, als uns bewusst wird. Wir können sie nicht aus unserem Leben verbannen. Die Gefühle und Gedanken zuzulassen, ist ein Akt der Ehrlichkeit und heißt, dass man seinen Organismus als Ganzes annimmt: »Ich bin so, wie ich bin.« Dieses Akzeptieren und diese Ehrlichkeit können Sie großenteils selbst steuern, und es gibt keinen Grund, sich wegen seiner Gefühle zu schämen oder schuldig zu fühlen. Wenn Sie sie akzeptieren, werden sie bei Ihnen kaum Stress auslösen. In einer Notsituation können sie wie gesagt Ihr Leben retten.

Es könnte nun jemand einwenden, die Forscher hätten vielfach bewiesen, dass Wut und Eifersucht in unserem Innenleben Chaos auslösen und das Risiko für Herz- und Kreislauferkrankungen erhöhen. Ich kenne allerdings keine Arbeit, die zeigt, dass solches Chaos auch entsteht, wenn diese Emotionen als normal und notwendig akzeptiert werden.

Das Problem hat noch einen zweiten Teil. Bei Anna standen ja die vielen Infektionen ihrer Blase und die zahlreichen notwendigen Therapien mit Antibiotika als zentrales Problem im Vordergrund. Die Blase hatte offenbar kein funktionierendes Abwehrsystem mehr, das die eindringenden Bakterien bekämpfen und in Schach halten konnte. Die Immunabwehr war außer Funktion gesetzt. Heute wissen wir, dass ein normal funktionierendes Immunsystem wie eine gut organisierte und eingespielte Armee auf Körperebene reagiert, sobald irgendwo fremde Zellen in den Organismus eindringen. Da gibt es einen spezialisierten Erkennungsdienst, ein komplexes Informationssystem und zahlreiche Zelltypen, die für die direkte Abwehr, Bekämpfung und Vernichtung der Eindringlinge vorgesehen sind. Ein Zelltyp wird explizit als »Killerzelle« bezeichnet.

Anouk Claes machte dazu interessante Entdeckungen: Patienten, deren Immunsystem chronisch versagt, verurteilen und bekämpfen nicht selten jede Art von Gewalt, Kampf und Krieg in extremer Art. Solche Einstellungen findet man hauptsächlich bei Menschen mit einem ähnlichen, meist religiös geprägten Hintergrund, wie wir ihn bei Anna kennengelernt haben. Möglicherweise läuft in diesen Fällen ein klassischer psychosomatischer Prozess mit Symbolcharakter ab. Die Einstellung dieser Menschen gegen jegliche Art von Kampf und Krieg würde von den Körperbeziehungsweise den Immunzellen als Botschaft und Auftrag verstanden, jegliche Abwehr und Kampfhandlung auch auf Zellebene einzustellen.

Das ist eine faszinierende Erklärungshypothese. Manchmal erweisen sich allerdings gerade solche unmittelbar einleuchtenden Hypothesen schließlich als falsch und sind mit Vorsicht zu genießen. Jedenfalls darf man keine Regel daraus machen, die für alle Menschen mit Immunstörungen Gültigkeit beanspruchen könnte. Doch empfehle ich den solcherart betroffenen Menschen, einmal zu prüfen, ob bei ihnen entsprechende Zusammenhänge bestehen könnten.

Das Thema wirft heikle Fragen auf: Soll man nicht gegen Gewalt und Krieg sein? Einen solchen Schluss wird kein vernünftiger Mensch ziehen. Doch zeigt sich an diesem Beispiel die Komplexität des Menschen als biologisches und kulturelles Wesen.

Max ist Mitte fünfzig. Er hat ein abgeschlossenes Studium, ist aber ohne Job und hält sich mit Gelegenheitsarbeiten über Wasser. Er wohnt in einem Wohnwagen und fühlt sich stark mit der Natur verbunden. Er suchte eine Beratung auf mit der Frage, wie er eine dauerhafte Beziehung finden könne. Nur eine einzige hätte etwas länger als zehn Jahre gedauert. Diese Frau sei dann gestorben, und alle anderen hätten es nicht längere Zeit mit ihm ausgehalten, weil er »keine Freude empfinden« könne. Gewisse Erfahrungen in der Natur würden ihn zufrieden machen, aber das Gefühl von Freude sei ihm völlig fremd.

Es wurde bald klar, dass es sich um einen jener Menschen handelt, die ihre Befriedigung im Kritisieren finden, im Fokussieren auf das Negative. Seine Partnerinnen versuchten immer, ihn auf die schönen Seiten im Leben aufmerksam zu machen. Doch in einem eindrücklichen Sonnenuntergang sieht er die Zeichen eines Schlechtwettereinbruchs, bei einem guten Essen kritisiert er das zu lange gekochte Gemüse, und an seinen Freundinnen und ihren Bemühungen um ihn hatte er sowieso alles Mögliche auszusetzen.

Solche Zeitgenossen sind gar nicht so selten. Wenn jemand auf die Idee kommt, aus einem derartigen Partner einen anderen Menschen machen zu wollen, hat er das Spiel schon verloren. Man übersieht, dass diese Leute aus dem Kritisieren und Fehlerfinden in der Regel enorme Befriedigung gewinnen können. Doch wenn man sie davon überzeugen will, sie könnten keine Freude empfinden, und sie umzupolen bestrebt ist, wird man nur Frustration bei ihnen und bei sich selbst auslösen. Dabei braucht die heutige Welt Kritiker und Fehlerspezialisten wie nie zuvor. In der modernen Technik, in der Medizin, im Flugverkehr, aber genauso im Journalismus und in der Politik bilden diese Menschen eine unentbehrliche Fraktion! Helfen wir ihnen lieber dabei, dass sie sich über ihre Lust, Fehler zu finden und zu kritisieren, freuen können!

# Versöhne dich mit Hitler

In meinen Vorträgen zur Versöhnung habe ich oft die schon genannte Silvia Wallimann zitiert: Wenn man den Weg gehen wolle, den Jesus gezeigt habe, müsse man sich auch mit dem Mörder seines Kindes versöhnen können. Da kommt mir manchmal empörter Protest entgegen. Wie ich denn auch nur in Gedanken einer Mutter zumuten könne, dem Mörder ihres Kindes zu vergeben? Tatsächlich kann kein Mensch so etwas von jemand anderem verlangen. Und von sich selber sollte man so eine Versöhnung auch nicht zu schnell fordern. Das Risiko der Überforderung ist groß. Und wer sehr stark das Ideal der Versöhnung verinnerlicht hat, mag sich leicht beschuldigen, wenn dies nicht ohne weiteres möglich ist. Es gibt einen Teil in uns, der fast so lange unversöhnlich ist, wie die Schmerzen andauern. Und wenn ein eigenes Kind ermordet wurde, kann der Schmerz fast lebenslang bei manchen Gelegenheiten wieder aufbrechen. Trotzdem ist ein Anfang der Versöhnung immer möglich, nämlich die Versöhnung mit der Unversöhnlichkeit.

Sie wissen um die Entlastung, die eine Versöhnung bringen könnte, und Sie sehnen sich danach. Trotzdem spüren Sie immer wieder den Schmerz, die Trauer und damit vielleicht die Wut. Und Sie akzeptieren, dass Sie diesen Teil mit Schmerz, Wut und Verurteilung nicht so schnell und leicht loswerden. Das ist die Versöhnung mit der Unversöhnlichkeit: dieses Akzeptieren, dass der Schmerz und die Wut anhalten und immer wieder hochkommen können, auch wenn wir im Bewusstsein eigentlich den Versöhnungsschritt vollzogen haben. Das heißt, Sie glauben, dass der andere nicht schlechter ist, als Sie es sind, und auch nicht besser. Sie glauben, dass wir geistig alle miteinander verbunden sind, dass jeder Mensch und alles, was es sonst noch gibt, ein Teil von uns ist wie wir ein Teil von ihm. Es ist wie ein neues Evangelium, von Physikern zu hören, das Universum sei auch in uns. Es könnte eine nützliche und wohltuende Wahrheit werden.

Es wäre in dieser Sichtweise eher geheimnisvoll, wie es uns gelungen ist, eine Welt zu erschaffen, in der wir alles als getrennt und die Materie als fest und undurchdringlich wahrnehmen: unser materielles Universum. Ob diese Sichtweise sich wissenschaftlich verfestigt oder wieder durch eine andere Erklärung abgelöst wird, ist unwesentlich. Für mich und für unsere Zeit erscheint mir jene Wahrheit wohltuend und nützlich. Meine Hoffnung geht dahin, dass damit verabsolutierende, fundamentalistische Sichtweisen relativiert werden können. Doch die Erfahrung muss zeigen, ob diese Hoffnungen begründet sind. Das ist das Schöne an den Wissenschaften: Die Erklärungen über die Welt und deren Zusammenhänge sowie das sich wandelnde Bewusstsein gehen Hand in Hand und sind erst noch weitgehend mit der sich entwickelnden Technik abgestimmt.

Zurück zur Versöhnung. Sie wissen also um die Möglichkeiten zum sogenannten Guten wie zum sogenannten Bösen in jeder menschlichen Existenz, dass diese Möglichkeiten genauso in Ihnen sind wie in jedem anderen Menschen. Und gleichzeitig haben Sie erkannt, dass »gut« und »böse« relative Begriffe sind, die keine göttliche Gültigkeit haben. Aus dieser weiten, geistigen Sicht verurteilen Sie nichts, auch sich selbst nicht. Aus dieser übergeordneten Perspektive können Sie das sogenannte Gute und das sogenannte Böse gleichermaßen segnen, wie von Silvia Wallimann empfohlen. Beides entspringt Ihren subjektiven Bewertungen.

Aber Sie vergessen nicht die andere Seite in Ihnen, die sich getrennt erlebende, sich als Sieger oder Besiegter, als Täter oder Opfer fühlende. Und diese Seite benötigt oft sehr lange Zeit für die Versöhnung. Anouk Claes glaubt sogar, diese andere Seite, von ihr »Ego« genannt, könne sich nicht oder kaum versöhnen. Ich habe es anders erlebt. Sogar dem sogenannten Ego kann eine Versöhnung mehr oder weniger einfach geschenkt werden. So wie die Versöhnung mit meinem Vater, mit meiner ganzen Existenz, mit meinen Wurzeln eines Tages einfach so als Lichtflut über mich hereingeschwappt ist und eine tausend Tonnen schwere Last, meine Depressionen und meine Suizidalität weggeschwemmt hat. Allerdings hatte ich mich vorher dem Schmerz geöffnet, ihn nicht mehr verdrängt.

Ich treffe jedoch manche Menschen, die über ihr Alltagsbewusstsein hinaus die Unterscheidung in Gut und Böse aufrechterhalten wollen und glauben, dass es absolut gültige Kategorien seien, die auch in allen nichtmateriellen Welten gelten würden. Sie wollen oder können keine übergeordnete Sichtweise einnehmen, welche die Polarität von allem, was es gibt, hinter sich lässt. Die verschiedenen Religionen beziehen ihre Grundlage aus solchen Verabsolutierungen. Dank der Globalisierung jedoch erkennen wir die vielen Widersprüche in den unterschiedlichen Glaubensformen, und das wird uns helfen, solche aus der materiellen Welt stammenden und von uns geschaffenen Kategorien zu relativieren, insbesondere wenn wir sehen, wie das Festhalten an diesen Kategorien zu Mord und Krieg führt. So wie ich die Jesus in den Mund gelegten Ratschläge verstehe, wollte er auf diese erweiterte Sichtweise aufmerksam machen, die einem liebevollen Gott entsprechen würde, wie er ihn entweder geglaubt oder den gottbedürftigen Menschen zuliebe postuliert hat.

Nach Vorträgen zur Versöhnung melden sich Zuhörer, sie würden meine Überlegungen durchaus nachvollziehen und gutheißen, aber bei Menschen wie Hitler oder Stalin gebe es Grenzen. Hier könne und dürfe eine Versöhnung und Vergebung niemals stattfinden. Hitler und seine Leute haben wie Stalin, Mao und manche andere Diktatoren unermessliche Verbrechen begangen. Mit seiner Ideologie aber steht Hitler keineswegs allein da. Er ist sogar eng wesensverwandt mit dem, was wir als Moses kennen. Es scheint ungeklärt, ob Moses aus dem Alten Testament eine rein mythologische Gestalt ist oder auch historisch belegbare Spuren hinterlassen hat. Es spielt aber bezüglich seiner Auswirkungen auf die heutige Zeit keine Rolle.

Moses und Hitler haben vieles gemeinsam. Sie sind Brüder in ihren Überzeugungen. Die Idee, auserwählt und anderen Völkern überlegen zu sein, findet sich in beiden Bewegungen. Es ging um die gleichen Ideen, und sie vollbrachten ähnliche Taten. Beide waren intensiv bestrebt, andere Völker auszurotten. Beide taten dies in erster Linie für die eigene Ideologie und um das Land und die Güter der anderen Völker in Besitz zu nehmen. Bei Moses waren es die Amalekiter, Amoriter, Kanaaniter, Hethiter, Pheresiter, Heviter und Jebusiter, Midianiter und noch manche mehr, die ausgerottet wurden oder werden sollten, um ihren Glauben verschwinden zu lassen und ihr Land in Besitz zu nehmen. Bei Hitler waren es hauptsächlich die Juden, Roma, Sinti und viele Slawen. Moses hat sich auf seinen Gott Jahwe berufen, Hitler auf die Vorsehung. Beide angerufenen überweltlichen Autoritäten hatten nicht nur nichts gegen die Völkermorde einzuwenden, im Gegenteil, diese Genozide wurden im Interesse der auserwählten Volksgruppen der Juden und der Arier von den göttlichen Autoritäten gebilligt beziehungsweise angeordnet. Im vierten Buch Mose, Kapitel 31, heißt es beispielsweise: »Und sie [die Israeliten] führten das Heer wider die Midianiter, wie der Herr dem Moses geboten hatte, und erwürgten alles, was männlich war.« Und etwas weiter: »Und die Kinder Israel nahmen gefangen die Weiber der Midianiter und ihre Kinder; all ihr Vieh, alle ihre Habe und alle ihre Güter raubten sie und verbrannten mit Feuer alle ihre Städte. Und nahmen allen Raub und alles, was zu nehmen war, Menschen und Vieh.« Aber etwas später heißt es: »Moses ward zornig über die Hauptleute des Heeres und sprach zu ihnen: Warum habt ihr alle Weiber leben lassen?« So mussten die Soldaten die Frauen auch umbringen. Manchmal wurden den israelitischen Kriegern bezüglich Frauen Ausnahmen gestattet, sodass sie die noch jungfräulichen Mädchen nicht umbringen mussten, sondern sie für sich behalten und benutzen durften. Joshua, Gehilfe und Nachfolger Mosis, hat den Genozid ebenso gründlich gelernt und ausgeübt.

Aus der Nazi-Schreckensherrschaft ist uns bekannt, wie Familien auseinandergerissen und vernichtet wurden. Die genau gleichen Grausamkeiten werden im vierten Buch Mose in aller Ausführlichkeit geschildert, nämlich wie die nichtisraelitischen Frauen ausgestoßen werden mussten, auch wenn sie von ihren israelitischen Männern Kinder hatten oder schwanger waren. Es heißt: »Das Volk Israel und die Priester und Leviten sind nicht abgesondert von den Völkern in den Ländern [...] nämlich die Kanaaniter, Hethiter, Pheresiter, Jebusiter, Ammoniter, Moabiter, Ägypter und Amoriter; denn sie haben deren Töchter genommen für sich und ihre Söhne und den heiligen Samen gemein gemacht mit diesen

Völkern.« Es ist mir keine schriftliche Überlieferung bekannt, in der die Ideologie der Reinheit des »heiligen Blutes« und »heiligen Samens« beziehungsweise der Rasse und der Religion so konsequent und mit allen Grausamkeiten vertreten wird wie im Alten Testament.

Das wird so begründet: Gott habe die Kinder Israel als sein Volk erwählt, er gebe ihnen ihr heiliges Land und werde sie über alle Völker der Erde erheben. Diese Ideologie des Auserwähltseins und der Überlegenheit finden wir nicht nur im Alten Testament. Sie zieht sich durch die ganze Geschichte des Christentums mit all ihren schrecklichen Folgen und hat im Nazireich grausamste Auferstehung erfahren. Sie zieht sich durch die ganze Geschichte des Abendlandes und hat schon vor Hitler die Weißen genauso zu unvorstellbaren Grausamkeiten und Genoziden gegenüber anderen Völkern fast auf dem ganzen Planeten getrieben. Und das dauerte mindestens bis zum Beginn des zwanzigsten Jahrhunderts! Deshalb wurde 2001 an der vom früheren UNO-Generalsekretär Kofi Annan in Durban organisierten Rassismuskonferenz vonseiten der afrikanischen, asiatischen und südamerikanischen Staaten formuliert: »Wir verlangen, dass die Sklaverei und der Kolonialismus als doppelter Holocaust und Verbrechen gegen die Menschlichkeit benannt werden.« Wer sich mit den unermesslichen Grausamkeiten und Ausrottungen ganzer Völker während Sklaverei und Kolonialismus vertraut gemacht hat, wird dieser Forderung die Zustimmung kaum versagen können. Wir tun uns selbst keinen Dienst, wenn wir unsere kollektive Vergesslichkeit pflegen und nur die Verbrechen von Hitler, Stalin und Konsorten im Blick haben, um von unser aller Geschichte abzulenken. Vielleicht denken Sie über die Ideologie des Auserwähltseins nach, die ja uns Weiße immer wieder zu Tätern gemacht hat. Auserwählt durch die Rasse, den Entwicklungsstand und durch unsere Religion!

Im Neuen Testament, bei Lukas 6, heißt es: »Nicht ihr habt mich erwählt, sondern ich habe euch erwählt.« Und bei Matthäus wird Jesus zitiert: »Viele sind berufen, aber wenige sind auserwählt«, und er soll gesagt haben, er komme zurück, um seine »Auserwählten« zu sammeln. Die gleiche Überzeugung findet sich von den Aposteln bis zum heutigen Papst, bei den evangelikalen Amerikanern wie bei den jüdischen Siedlern und den israelischen Rechtsparteien und ebenso bei den Islamisten, welche die ganze Welt unter die Herrschaft ihres gewalttätigen Allah bringen wollen. Genauer gesagt, die Gruppierungen scheuen sich nicht, offiziell zu vertreten, was in uns allen steckt.

Warum zählen diese Moses-Texte mit den Holocaustgeschichten immer noch zu den heiligen Büchern im Judentum, im Christentum und offenbar auch im Islam? Und andererseits werden Hitler, Stalin und weitere Massenmörder absolut von jeder Versöhnung ausgeschlossen? Wollen Sie diese paradoxe Zweiteilung der Welt für sich aufrechterhalten? Dann müssen wir uns alle von der Versöhnung ausschließen! Ich sehe da echt eine Hürde nicht nur für Ihren persönlichen Versöhnungsprozess, sondern auch für mehr Frieden in der Welt. Wäre es nicht an der Zeit, diese Moses-Bücher und andere alttestamentliche Stellen als das zu bezeichnen, was sie tatsächlich sind: Anleitungen zu Holocaustverbrechen, ethnischen Säuberungen und Quelle nicht endender religiös und ideologisch motivierter Kämpfe und Vernichtungsfeldzüge? Denn die verheerenden Auswirkungen dieser Ideologien sind nicht vorbei, wie der israelische Psychologe Dr. George Tamarin gezeigt hat. Tausend israelischen Kindern wurde die alttestamentliche Textpassage vorgelegt, in der die Ausrottung aller Bewohner der Stadt Jericho anlässlich deren Eroberung beschrieben wird, als »Mann und Weib, jung und alt, Rinder, Schafe und Esel« von den Israeliten abgeschlachtet und die Häuser mit Feuer dem Erdboden gleichgemacht wurden. Drei Viertel der befragten israelischen Kinder stimmten diesen Taten des Joshua, die denen Hitlers nicht nachstehen, zu, meist mit der Begründung, der Glaube der Israeliten hätte sonst verunreinigt werden können. Wenn die gleiche ethnische Säuberung nach China verlegt und Joshua durch den Namen eines chinesischen Generals ersetzt wurde, kam fast einhellige Verurteilung dieser Taten durch die befragten Kinder.

Darum stimme ich mit dem amerikanischen Physiknobelpreisträger Steven Weinberg überein, der offenbar gesagt hat, die

Religion sei eine Beleidigung für die Menschenwürde. Mit Religion und ohne sie gäbe es gute Menschen, die Gutes tun, und böse Menschen, die Böses tun. Aber nur mit einem religiösen Hintergrund würden gute Menschen böse Taten begehen.

In meiner Jugend, als ich mich schon zum Teil von der konservativen christlichen Lehre emanzipiert, aber längst noch nicht gelöst hatte, gab es diverse Verbindungen zu christlichen Jugendgruppen und -organisationen. Ich erinnere mich an junge, stark christlich geprägte Menschen, deren höchstes Ziel es war, für kürzere oder längere Zeit in einem israelischen Kibbuz Freiwilligendienst zu tun. Die Idee des Neuen Jerusalem, das Gott versprochen hatte, spukte in den Köpfen herum. Israel sollte am historischen Platz wieder entstehen, dann würde Gottes Versprechen erfüllt. Das Unrecht an den Palästinensern war im Bewusstsein nicht existent, ebenso wenig die Idee, jemand könnte diesen Dienst als Mithilfe bei bösen Taten sehen.

Wenn sich die Ansicht durchsetzt, dass hinter dieser vordergründigen Ebene der materiellen Welt wir mit allen und allem verbunden sind, wenn das universale Informationsfeld in uns und überall ist, haben wir teil an allem, was geschieht. Diese übergeordnete Sichtweise ist schon ein großer Schritt zur Versöhnung. Ob sie praktische Auswirkungen hat, ist damit natürlich noch nicht geklärt. Sie scheint da aber eine der aussichtsreichsten Wahrheiten für Völkerverständigung und Minderung von Leid zu sein!

Wollen Sie vielleicht prüfen, ob Sie sich nicht mit dem Hitler in Ihnen und damit auch mit dem in der äußeren Welt versöhnen mögen? Es heißt ja nicht, dass Sie seine Ideologie und seine Taten gutheißen müssen. Im Gegenteil, Sie könnten sich langsam von diesem Denken distanzieren, indem Sie zum Beispiel, unabhängig davon, welcher Religion Sie entsprungen sind, die Bücher Mose gerade so weit tolerieren, wie Hitlers »Mein Kampf« toleriert wird.

Warum plädiere ich für eine Versöhnung mit Hitler? Warum befürworte ich nicht einfach die absolute Verurteilung von Moses und Hitler im selben Maße? Warum Versöhnung mit diesen Verbrechern? Es hat wohl gleichermaßen mit meiner Lebensgeschichte wie mit meinem Verständnis des Christentums zu tun. Als Ausgangspunkt meiner Antworten auf obige Fragen zitiere ich den Sprach- und Religionsforscher Neil Douglas-Klotz, der unter anderem das Vaterunser aus dem Aramäischen neu übersetzt hat. Den uns zumeist in der Form bekannten Satz »Vergib uns unsere Schuld, wie wir vergeben unseren Schuldnern« übersetzt er: »Löse die Stränge der Fehler, die uns binden, wie wir loslassen, was uns bindet an die Schuld anderer.« Das heißt, wir können Stränge lösen, die uns binden, indem wir uns von Verurteilung lösen, indem wir diese Zweiteilung der Welt in Gut und Böse aufgeben. Das ist etwas anderes als das früher genannte alltägliche Bewerten und Beurteilen aus unserem Ichbewusstsein heraus.

Ich habe im letzten Buch etwas ausführlicher die Geschichte mit meinem Vater skizziert und wie gerade dieses Teilen der Welt in Gut und Böse das Böse ständig voraussetzt. Wir brauchen dann das Böse, um uns selbst als gut zu sehen. In der neutestamentlichen Geschichte konnte auch Jesus dieser Falle nicht entgehen. Er oder seine Jünger setzten einen rachsüchtigen Gott voraus, wie er aus dem Alten Testament überliefert ist. Dieser forderte nichts Geringeres als den Tod seines Sohnes, damit er sich mit den Menschen, die er ja selbst geschaffen haben will, versöhnen könne. Jesus wollte nach den Mythen des Neuen Testaments dieses Opfer auf sich nehmen. Nun war aber gleichzeitig der Selbstmord wiederum als sündig tabuisiert. Also brauchte Jesus einige Bösewichte, die ihn umbringen würden. Die jüdischen Schriftgelehrten mit seiner Nonchalance gegenüber den Gottesgesetzen bis aufs Blut zu reizen, ist ihm offensichtlich nicht schwergefallen. So hatte er mindestens schon einmal Todfeinde, die ihm den Opfertod ohne Selbstmord ermöglichen würden. Doch konnte die Dramatik noch gesteigert werden mit einem – sachlich völlig unnötigen – Verräter, dem Judas. Die Priesterkaste und Judas waren also gleichermaßen notwendig als Verkörperung des Bösen, die genau wie in fast allen modernen Krimis der Geschichte erst die notwendige Dynamik gaben. Damit war der Himmel offen für Jesus und seine Auserwählten. Die Bösen aber blieben draußen. Sie wurden aufgespart für das Grillfest in der Hölle.

Ich nehme an, als diese Geschichten geschrieben wurden, muss schon ein rechter Hass zwischen Juden und Christen bestanden haben. Warum sonst wäre der Verräter ausgerechnet Judas und nicht zum Beispiel Johannes oder Jakobus genannt worden? Ich habe diese Geschichte nochmals im letzten Kapitel nacherzählt.

Solange wir die religiöse, moralische und ethische Verurteilung aufrechterhalten und die Versöhnung verweigern, aktivieren wir ständig das alte Drama. Wir sehen als von uns getrennt, was mit uns verbunden ist. Wir projizieren das Böse nach draußen. Die Verhinderung böser Taten, die Verurteilung und Bestrafung ist Aufgabe des säkularen Staates beziehungsweise immer mehr der Staatengemeinschaft. Können Sie verstehen, warum ich Ihnen zur Versöhnung auch mit Hitler rate? Sie werden damit mehr zur möglichen Vermeidung seiner und unserer Taten beitragen!

# Bete, bestelle, oder lass es bleiben

Für manche ist das Beten ein häufiges, gar tägliches Ritual, das ihnen Kraft gibt. Das Sprichwort wiederum sagt, es sei die Not, die beten lehre. Ich habe bereits ausgeführt, dass ein Erwachsener, der als Kind mit den Eltern in geborgener Atmosphäre beten gelernt hat, mit der Wiederholung des Rituals entsprechende neuronale und hormonelle Zyklen in Gang setzt, die ihn beruhigen und ihm Geborgenheit geben können, die mehrheitlich Gottes Wirken zugeschrieben werden. Vielleicht ist es ja Gottes Wirken, unabhängig davon, ob man an ihn glaubt oder nicht. Alles ist möglich. Zurzeit ist jedoch eher das Wünschen und Bestellen beim Universum im Trend. Das macht auch Sinn, weil es viel mehr unseren heutigen Erfahrungen mit dem Shopping im Supermarkt und mit den Onlinebestellungen bei großen, relativ anonymen Institutionen entspricht. Hingegen sind die Könige und Fürsten sowie die gnädigen Herren der Obrigkeit, die wir um Gnade oder gnädige Gaben bitten müssen, aus unserem Leben weitgehend verschwunden. Möglicherweise hätten die Kirchen auch wieder mehr Erfolg in der Rekrutierung von Mitgliedern, wenn der Ansprechpartner nicht mehr Gott mit seinem ziemlich angeschlagenen Image, sondern das Universum wäre. Es ist einfach ein viel modernerer »Brand«.

Das Thema der Bestellungen beim Universum hat manche Bestseller hervorgebracht. Zuerst zum Ordern überhaupt, dann zum »Bestellen, aber richtig«, wo erklärt wird, warum es mit den anderen Ratgeberbüchern nicht klappe und wie die Fehler in der Methode korrigiert werden könnten. In einem Onlinekurs zum richtigen Wünschen heißt es, die Grenzen unserer Ziele seien nur unsere Gedanken! Alles, was wir uns wünschen und vorstellen könnten, könnten wir auch erreichen! »Hier einige Beispiele aus den Erfolgsgeschichten unserer Teilnehmer: neue Autos, Häuser, Kleidung, Urlaub, Reichtum – absolute finanzielle Freiheit, neuer Job, mehr Umsatz/Kunden für das Geschäft, gute Gesundheit (Schutz vor Krankheiten, Bluthochdruck …), Erlösung von langjährigen Leiden, das Idealgewicht erreichen (ohne Diät – ohne Jo-Jo-Effekt!), in Harmonie mit der Umwelt leben (Arbeitskollegen, Familie …), Ängste, Phobien, Panikattacken beseitigen« – und so weiter und so fort. Im Kurs werde genau erklärt, heißt es darüber hinaus, warum es bei vielen mit den großen Wünschen oft nicht klappe. Es seien die Blockaden und man lerne, wie man die auflösen könne. Es ist schlicht wunderbar, dass so erleuchtete Menschen unter uns weilen, die sowohl bei den Menschen wie auch den Universen den vollen Durchblick haben. Und es ist geradezu skandalös, dass der Staat nicht jedermann solch einen Onlinekurs im Bestellen beim Universum bezahlt! Ja, jedermann dazu zwingen sollte man bei diesen Erfolgschancen!

Die zahlreichen Ratgeber zu den Ratgebern vermitteln einen Eindruck, wie oft es wohl mit den Bestellungen für manche doch nicht so richtig klappt. Soll man den Leuten einreden, sie würden es halt nicht richtig machen? Das sei der Grund, dass es bei ihnen nicht funktioniere? So wie Gott früher halt nur die Bitten der auserwählten, frommen Schäflein erhörte? Stellen Sie sich selbst infrage, dass Sie es halt nicht richtig machen und sich nicht korrekt verhalten, halt noch Blockaden mit sich herumschleppen? Und wenn Sie es richtig machen und dem Universum vertrauen, dann wird die Bestellung erledigt? Solange Sie sich nicht quälen, ist das in Ordnung. Es kann ja sein, dass Sie nur Ihre Ansprüche nicht hoch genug angesetzt haben, wie die jetzt bei den Bestellern kursierende Geschichte zeigt: Ein Mann bestellte sich beim Universum einen neuen VW Golf. Doch der Wunsch wurde jahrelang nicht erfüllt, obwohl er ihn immer wieder neu in den Kosmos sandte. Schließlich starb er und ging beim kosmischen Bestelldienst vorbei, um zu fragen, warum sein einfacher Wunsch über Jahre nicht erfüllt worden sei. »Tut uns leid«, meinten die kosmischen Versandbeamten. »Für dich war nur ein Jaguar bereitgestellt. Einen Golf konnten wir dir deshalb nicht senden.«

Na, möglicherweise liegt da der springende Punkt. Vielleicht sollten wir halt alle Jaguars, Jachten und Villen bestellen. Eventuell haben Sie damit Erfolg. Anderenfalls rate ich, die Sache kritisch zu prüfen und nicht sich zu hinterfragen. Ich glaube, die Wahrscheinlichkeit ist größer, dass der Fehler beim Universum oder bei den Ratgebern liegt als bei Ihnen. Es kann sein, dass Sie plötzlich den für sich richtigen Weg entdecken und es mit den Bestellungen oder Bitten funktioniert. Sie können aber auch den umgekehrten Weg gehen und Ihre Ansprüche herunterschrauben. Solange Sie den Universumsservice mit dem Bestellen freier Parkplätze prüfen, haben Sie sowieso eine gute Chance, dass es klappt. Zweitens ist der Schaden nicht allzu groß, sollten Sie doch nicht erfolgreich sein.

Was heute die Bestellung, war früher das Gebet. Das entsprechende Gebot wurde in der religiösen Form so präsentiert: Bete und vertraue, dass Gott dich erhören wird. Wenn Sie nicht erhört werden, ist es sein unerforschlicher Wille, vielleicht Ihr mangelndes Vertrauen, oder es sind Ihre Sünden, die ihn veranlassen, Ihr Gebet nicht zu erhören. Wenn Ihnen das Bitten und Beten aber gut tut oder das Bestellen Spaß bereitet, warum sollen Sie es dann nicht machen? Ich habe im letzten Buch meine Praxis und Erfahrungen mit dem Herzensgebet beschrieben. Das ist für mich keineswegs ungültig geworden. Ich übe es immer noch, aber nicht mehr so häufig. Doch ich kann es tun oder lassen, ohne negative Reaktionen von Gott oder dem Universum zu erwarten, da es auch nicht um eine Fürbitte oder Bestellung von etwas Bestimmtem geht. Schon als Jugendlicher hatte ich gegen diese an Gott gerichteten »Bestellungen« einen Widerstand. Es erschien mir unwürdig, kindisch und unlogisch.

Dem Universum wird eine höhere Weisheit und Fürsorge in der Regel nicht zugeschrieben. Es liefere immer, wenn wir die Bestellung richtig aufgäben, wie es eben für einen seriösen Onlineshop üblich ist. Allerdings scheint es im Markt sehr verschieden intelligente oder verschieden gut organisierte Universen zu geben, denen man seine Wünsche anvertrauen kann. Bei den einen genügt eine einzige Bestellung, und es begreift, bei anderen muss man die Bestellung vielfach wiederholen. Offenbar befolgen auch Leute diese Anweisungen, die einen Onlineshop nie berücksichtigen würden, der nur funktioniert, wenn man die Bestellung täglich manchmal über Wochen wiederholen muss.

Warum musste ich als Kind um etwas bitten, wenn der liebe Gott ja sowieso den hintersten Winkel meiner »Seele« kennt und weiß, was für mich gut ist? Der weiß doch, was ich brauche und was nicht. Und wenn das alles verbindende Informationsfeld in mir ist und sich über das ganze Universum oder über alle Universen erstreckt, sofern es wirklich viele parallele Universen gibt, warum ist dieses Feld nicht intelligent genug, die Informationen in mir inklusive Wünschen selbst abzulesen? Ich habe mir deshalb eines der besonders intelligenten Universen ausgesucht, das ohne mein Zutun meine Wünsche checkt und sortiert und sie auch erfüllt, wenn es opportun ist. Jede Nacht, so habe ich den Auftrag gegeben, sollen meine Wünsche gescannt und in den Verarbeitungs- und Erfüllungskanal gegeben werden. Ich will sicher nicht noch ständig meine wertvolle Zeit mit Wünscherei verbringen, nur weil das Universum zu dumm ist und nicht selbständig begreift, was meine Wünsche sind. Und für die Erfüllung der irdischen Wünsche fühle ich mich sowieso selbst verantwortlich.

Nun, Anouk Claes beispielsweise sagt, ihr mache das Bestellen beim Universum Spaß, wie ihr vermutlich auch das Shopping in der Stadt mehr Spaß mache als mir. Dagegen ist nichts einzuwenden. Mir macht die Sache mit dem immerwährenden Herzensgebet mehr Spaß, beziehungsweise es hat eine wohltätigere Wirkung auf mich. Es ist mir nicht wichtig, ob ich damit eine Verbindung zu Gott herstelle oder zum universellen Informationsfeld oder ob ich einfach meine eingespielten Hormon- und Überträgersubstanzen aktiviere, weil es für mich eigentlich auf dasselbe hinausläuft. Es ist für mich nicht vorstellbar, dass ich in diesem Universum oder auch in hunderttausend Universen verloren gehe, und das ist das Wesentliche.

Weniger mit den Bestellungen, aber mehr mit dem Beten haben sich die Forscher intensiv auseinandergesetzt. Ich habe in meinem ersten Buch »Spirituelles Heilen und Schulmedizin« darüber geschrieben, wie vor allem in den USA in der zweiten Hälfte des zwanzigsten Jahrhunderts intensiv über die Wirkung von Fürbittegebeten bei Krankheiten geforscht wurde. Nicht nur gab es viele Forschungsberichte in angesehenen wissenschaftlichen Zeitschriften, welche die positive Wirkung des Betens beziehungsweise der

Fürbitte für Kranke bewiesen. Sogar die Cochrane Collaboration, eine der angesehensten wissenschaftlichen Vereinigungen zur Bewertung von Forschungsarbeiten im Gesundheitsbereich, kam zum Ergebnis, auch wenn noch keine endgültigen Schlussfolgerungen möglich seien, so solle diese Forschung doch intensiv unterstützt werden, da sehr vielversprechende Resultate vorlägen. Es gab allerdings auch feindseligen Widerstand. Fundamentalistische religiöse Gruppen fanden es eine Frechheit, dass die Gnadentaten Gottes quasi einer Kontrolle und Analyse unterzogen würden. Außerdem gab es methodische Bedenken von kritischen Beobachtern. Da ja von vielen religiösen Gemeinschaften für alle Kranken in der Welt oder mindestens im eigenen Land gebetet würde, sei der Zusammenhang wohl nicht so eindeutig und der Effekt verunreinigt, wenn die Wirkung einer speziell ausgesuchten Gruppe von Betern auf eine speziell ausgesuchte Gruppe von Kranken wissenschaftlich untersucht werde. Diese Bedenken und Widerstände konnten aber der wissenschaftlichen Fürbitte-Euphorie nicht viel anhaben. Nicht groß beachtet wurde, dass die Forschungsarbeiten hauptsächlich von einer baptistischen und einer methodistischen Universität stammten, da beide einen guten wissenschaftlichen Ruf haben.

Aber das war nur der erste Teil der Geschichte. Seit dem Jahr 2000 mehrten sich die Forschungsberichte, die keine positiven Wirkungen nachweisen konnten. Eine großangelegte Studie zur Wirkung des Fürbittegebets des renommierten Harvard-Forschers Herbert Benson ergab sogar Schockierendes. Die Patienten, für die – natürlich immer ohne ihr Wissen – gebetet worden war, zeigten mehr Komplikationen als die Gruppe ohne Fürbitte. Und 2006 erschien eine Übersichtsarbeit, die zum Schluss kam, Fürbittegebete hätten keinerlei positive Wirkungen auf Krankheitsverläufe und man solle keinesfalls weiter Geld in diese nutzlose Forschung pumpen. Damit sind wir wieder am Anfang, und jedermann kann selbst entscheiden, ob er eher Gott, dem Universum oder keinem von beiden (oder auch beiden) vertraut und ob ihm Beten oder Bestellen mehr Vertrauen und Frieden im Herzen gibt oder mindestens Spaß macht. Und was die Forschungsresultate angeht: In der sogenannten Framingham-Studie, dem wohl größten und längsten medizinischen Forschungsprojekt überhaupt, wurde wissenschaftlich bewiesen, dass sich mit den gleichen Daten, je nach gewählten Rahmenbedingungen, komplett widersprechende Aussagen herleiten lassen.

Ich persönlich bin froh, dass das Beten »erfunden« wurde. Ganz unabhängig davon, ob je eine Wirkung nachgewiesen werden kann, und unabhängig davon, ob es eine Wirkung hat, ist die Möglichkeit zu beten eine gute Sache. Damit bleibt uns in höchster und akuter Not, in einer verzweifelten Situation, immer noch ein Türchen offen. Gerade in jenen Situationen, in denen ich nichts Praktisches tun kann, um die Not oder Gefahr abzuwenden, kann das Beten meine Verzweiflung mindern. Religiöse Menschen können sich empören, das Gebet werde mit solchen Aussagen auf einen bloßen psychologischen Effekt reduziert. Da kann ich nur fragen: »He, was regt ihr euch auf? Sind denn die Psychologie und die psychologischen Effekte nicht genau so göttlich, vielleicht explizit von Gott gerade für diesen Zweck geschaffen? Seid ihr nicht gründlich auf dem Holzweg, wenn ihr die Psychologie nur als irdisch und nicht als göttlich sehen könnt?«

Dass Gott auf diese Weise gründlich missverstanden werden kann, beweist die Ihnen vermutlich bekannte Anekdote vom frommen Flutopfer. Der gläubige Mann war von der Flut überrascht worden. Für die Flucht blieb keine Zeit mehr. Der Unglückliche konnte nur noch auf das Dach seines Hauses klettern. Dort versank er augenblicklich in ein tiefes Gebet, in dem er um seine Rettung bat. Tatsächlich paddelte bald sein Nachbar mit zwei zusammengebundenen Türen heran und lud ihn ein, aufzusitzen. »Paddle weiter, gesegneter Bruder«, rief unser Mann. »Gott wird mich retten!« Und er betete weiter. Erst das Knattern eines Motorboots weckte ihn aus seiner Versenkung. »Fahrt ruhig weiter, liebe Brüder«, rief er auch hier. »Gott wird mich retten!« Das Wasser stieg immer höher. Und da wollte es auch schon dunkel werden. Doch mit ohrenbetäubendem Lärm näherte sich plötzlich ein Helikopter. Ein Rettungssoldat wurde am Seil zu ihm heruntergelassen und wollte ihn schon anseilen. »Gottes Dank ist dir gewiss«, schrie der Fromme durch den Lärm. »Doch andere haben deine Hilfe nötiger. Mich wird Gott retten!« Der Pilot musste mit dem Helikopter unverrichteter Dinge abdrehen. Doch das Wasser war schon über den Dachfirst gestiegen, und schließlich ertrank der Mann. Dank seiner Frömmigkeit kam er direkt in den Himmel vor Gottes Thron. »Höchster, allmächtiger Herr«, stotterte der Gläubige in deutlich vorwurfsvollem Ton. »So sehr habe ich dir vertraut, und so innig habe ich zu dir gebetet! Du aber hast mich auf dem Dach sitzen und ertrinken lassen!« – »Mein lieber und frommer Sohn«, antwortete Gott mit tiefstem Bedauern. »Ich habe dir den Nachbarn mit dem Floß, dann das Motorboot und den Helikopter geschickt. Du hast aber alle von mir gesandte Hilfe abgelehnt!«

Möge es all denen nicht ähnlich ergehen, welche die psychologischen Effekte als »ungöttlich« verkennen!

Zurück zum Bestellen. Unangenehm kann es werden, wenn jemand mehr Geld bestellt und gleich eine zu teure Wohnung mietet. Ich habe erlebt, dass in einem solchen Fall weder Gott noch das Universum ein Einsehen hatten. Die entsprechenden Menschen wurden in ihrer finanziellen Not kaltschnäuzig hängen gelassen. Nicht weniger häufig geschieht dies bei Krankheiten. Weder Gebet noch Bestellung zeigen einen sichtbaren Nutzen. Vielleicht haben aber nicht die Menschen falsch gebetet oder bestellt, sondern sie waren einfach nicht am richtigen Ort. Möglicherweise hätten sie in Lourdes, Fatima oder Medjugorje mehr Erfolg gehabt. Und wenn sie nicht selbst hätten dorthin reisen können, hätten sie die Möglichkeit gehabt, Lichtwasser, also Wasser von diesen heiligen Orten, online zu erwerben bei einer irdischen Bestelladresse.

Die Wirkung der Lichtwässer scheint wunderbar. Auf einer der Websites heißt es: »Mit Lichtwasser können Sie zu der richtigen geistigen Haltung zurückfinden und eine wundervolle Reise durch ein neues Leben beginnen. Lebensfreude, Gelassenheit, Gesundheit, Glück und Erfolg werden Wirklichkeit.« Aha, da haben wir es wieder: Richtig beten, richtig bestellen, die richtige geistige Haltung, das richtige Wasser, alles kann zum Erfolg führen! Nur, warum wissen eigentlich immer die anderen, wie es richtig gemacht wird? Warum kennen sie die richtige Einstellung? Gehören Sie auch zu denen, die überzeugt sind, die anderen wüssten es in jedem Fall besser? Warum geben Sie sich diese Kompetenz nicht selbst?

Natürlich sind wir schon von unseren tierischen Vorfahren her darauf programmiert, nachzuahmen, zu wissen oder zu spüren, dass die Mutter, die Eltern oder andere Erfahrene aus der Gruppe es besser können und wissen. Das ist ein Teil des weisen Programms der Evolution. Ein viel größerer Teil tierischen und menschlichen Verhaltens, als man lange angenommen hat, ist ja erlernt und nicht angeboren. Darum kann es auch für Sie zunächst leichter sein, mit der Überzeugung zu leben, andere wüssten es besser, hätten die richtigen Rezepte, damit Ihre Bedürfnisse und Wünsche erfüllt werden. Und tatsächlich haben andere immer wieder etwas entdeckt und herausgefunden, was einem nützlich sein kann. Warum auch nicht alles Mögliche ausprobieren? Das ist unsere Begabung und unsere Natur. Aber wenn gesagt wird, dies oder jenes sei *die* richtige Einstellung, *die* richtige Methode, *das* richtige Mittel für jedermann, so rate ich Ihnen: Nehmen Sie es als ein Angebot unter anderen, so wie Sie unter den Handys auf dem Markt das *für Sie* richtige auswählen, auch wenn die Reklame behauptet, gerade nur das eine bestimmte mache Sie glücklich und erfolgreich. Damit wird das Leben in der Regel bereits bedeutend einfacher und entspannter.

Was das Beten betrifft, so hat ein Gebet von Silvia Wallimann schon oft eine wohltuende Wirkung auf mich ausgeübt:

Ich bin das Licht der Welt.
Ich bin die strahlende Sonne meines Lebens.
Ich bin die grenzenlose Kraft in allem Tun.
Ich bin die unversiegbare Quelle ewiger Liebe.
Ich bin die Auferstehung und das Leben.
Ich bin, der ich bin.

# Befreie den Freitod

Nach meiner Auffassung gibt es keine Fragen in unserem Leben, die nicht spirituell wären. Aber es gibt Abstufungen der Intensität, wie spirituell wir ein Thema empfinden. Das Sterben sehen wir als besonders spirituell. Mir geht es darum, dem Tod freundlicher und angstfreier zu begegnen. Mindestens aus der Distanz. Für manche mag es nicht möglich sein, wenn es konkret ums Sterben geht oder um den Kampf zu überleben. Es geht darum, den Tod wenn möglich zu feiern und von den Angehörigen friedlich und bewusst Abschied zu nehmen.

Natürlich haben längst nicht alle Menschen die Möglichkeit, das Sterben so zu zelebrieren. Vielleicht kommt es plötzlich, unerwartet, zu früh oder auch leicht und selbstverständlich zum richtigen Zeitpunkt. Aber es ist gut, das Sterben, und speziell den Freitod, zu planen – für den Fall, dass es anders läuft. Wie gesagt, aus der Distanz ist es für die meisten möglich, wenn wir als Gesellschaft es nicht verhindern.

Es ist erstaunlich, dass bei uns eine Kultur des bewussten Sterbens so umstritten ist. Es wird als normal angesehen, dass die Menschen beliebig Schmerzen, Bewusstseinseinschränkungen und den Verlust der Selbständigkeit hinnehmen müssen. Gewisse Gruppierungen wollen den Menschen zumuten auszuharren, unabhängig davon, ob sie noch eine Kontrolle über ihre Körperfunktionen behalten oder diese vollständig verloren haben. Auch ein geplanter Abschied, ein feierliches Abschiednehmen von der ganzen Familie ist da nicht möglich. Es wird allein als erlaubt gesehen, dass einem Menschen die Schmerzen medikamentös gelindert werden.

Da ist es tröstlich zu wissen, dass es auch in unserer Zeit noch Randkulturen gibt, in denen ein anderes Sterben offenbar aus heidnischen Zeiten über die Christianisierung hinübergerettet wurde und Tradition hat. Ein Priester, der acht Jahre lang bei den Indianern Alaskas Dienst getan hatte, berichtet eine spannende Erfahrung, wie diese Indianer mit dem Sterben umgehen (erschienen im Sammelband »Reif werden zum Tode«, herausgegeben von Elisabeth Kübler-Ross). Der Priester bezeugt den Indianern einen bemerkenswerten Eigensinn, einen Anspruch auf Autonomie, wenn es um die Wahl des Todeszeitpunkts geht und um die Teilnahme an den Vorbereitungen. Die Betroffenen wollen eine aktive Rolle spielen. Der Priester berichtet, in der Regel habe ein Mitglied einer Familie ihn zwei oder drei Tage vorher aufgesucht und gebeten zu kommen, um für die Großmutter zu beten und die Kommunion zu spenden. Und wenn er ankam, waren die ganze Familie und die nahen Freunde versammelt. Sie hielten gemeinsam den Gottesdienst. Wenige Stunden danach war die betreffende Person gestorben.

Ein besonders eindrückliches Beispiel für diese Art von Planung war das Sterben der alten Sarah. Ungefähr zwei Wochen vor ihrem Tod erhielt der Priester eine Funkmitteilung, an einem bestimmten Tag ins Dorf zu kommen. Er musste mit seinem Flugzeug noch Verwandte mitnehmen und kam an dem betreffenden Datum dort an. Da aber noch ein entfernt wohnender Enkel fehlte, wurde die ganze Feier um einen Tag verschoben. Dann jedoch begann Sarah für alle Familienmitglieder zu beten. Mittags gab es eine große Eucharistiefeier mit allen Chorälen und Gebeten. Die alte Sarah genoss dem Bericht zufolge jeden Augenblick, sie beteiligte sich an den Gebeten und dem Gesang und war während des Gottesdienstes sehr fröhlich. »Dann verließen wir sie alle, und gegen sechs Uhr am Abend starb sie.« Die nächsten zwei Tage sei das ganze Dorf mit Sarahs Begräbnis beschäftigt gewesen. Einige Frauen bereiteten ihre Leiche vor und säuberten die Hütte, während andere ungeheure Mengen an Speisen kochten. Vieles davon hatte Sarah selbst genau für diesen Zweck gekauft.

Ob diese Menschen einfach kraft ihres Willens sterben konnten oder heimlich mit einer Substanz nachgeholfen haben, entzieht sich meiner Kenntnis. Es ist unerheblich. Diese Menschen glauben offensichtlich an das, was bei uns auch viele Religionen behaupten, nämlich dass der Tod nicht das Ende sei. Glauben unsere christlichen Moralhüter nicht daran? Warum kämpfen sie mit allen Mitteln für eine Entwürdigung des Sterbens und für die Entwürdigung der betroffenen Menschen, indem sie jeden Akt von Autonomie als Sünde darstellen? Die Natur funktioniert nach Regeln von natürlichen Kreisläufen. Alles hat seine Zeit, aber auch sein Ende. Und Menschen, die solchen natürlichen Kreisläufen noch näher stehen, scheinen weniger Probleme zu haben, auch den Tod ins Leben zu integrieren.

Mein Großvater war ein einfacher Bauer. Mit dreiundsiebzig Jahren war er geschwächt und hatte einen Unfall gehabt. Als Halbwüchsiger musste ich ihm eine Arznei an sein Bett bringen, und ich war allein mit ihm in der karg eingerichteten Kammer. Er hat nie sehr lange Gespräche mit mir geführt. Bei jener Gelegenheit aber erklärte er mir, dass er nichts mehr nütze auf dieser Welt. Er sollte jetzt sterben können. Kurze Zeit später war er tot.

Vor fünfzig Jahren war die Medizin in diesem Sinne barmherzig. In meiner Jugendzeit war es zumindest in bäuerlichen Kreisen normal, sich zu fragen, ob man auf der Welt noch nützlich sein könne. Das konnte auch die Funktion als Großmutter oder Großvater sein. Wenn es nicht mehr nützlich war, machte es die Medizin einem leichter, bald zu sterben. Das Leben bis zur letzten Möglichkeit zu verlängern, auch wenn als einzige Funktion noch das Gepflegt- und Versorgtwerden bleibt, ist eine interessante Variante, die wir ausprobieren dürfen. Sie ist aber nicht nach jedermanns Geschmack und sollte niemandem aufgezwungen werden.

Das Planen des eigenen Todes und die Hilfe beim Freitod sind eigentlich in der Bevölkerung mehrheitlich akzeptiert. Gemäß repräsentativer Umfrage von M.I.S. Trend Anfang März 2009 im Auftrag von »L'Hebdo« bejahen 75 Prozent der befragten Schweizer den assistierten Suizid, 63 Prozent sogar in staatlichen Einrichtungen und Kliniken. Diese Zahlen sind mit früheren Umfragen übereinstimmend. Laut Spiegel-online sprechen sich regelmäßig um die 70 Prozent der Bevölkerung für Sterbehilfe (sogar aktive) aus. Auch eine Mitte 2009 veröffentlichte Umfrage in England ergab eine Zustimmungsrate um die 75 Prozent, während die »Times« aus einer eigenen Erhebung über sogar noch höhere Zustimmungsraten berichtet.

Bei jeder Abstimmung würden solche Zahlen als überwältigende Mehrheit bezeichnet. Es ist erstaunlich, wie wenig derartige Ergebnisse die Behörden zu beeindrucken scheinen beziehungsweise den Behörden die Ängste zu nehmen vermögen. Ähnliche Widersprüche zeigen sich bei den Ärzten. Im »Spiegel« 48/2008 sagte der Präsident der Bundesärztekammer Jörg-Dietrich Hoppe: »Wir brauchen diese Debatte nicht. Es wäre auch schlimm, wenn wir das machen würden; das sagen Ärzte in Deutschland einhellig und in riesiger Geschlossenheit.« Echt schockiert hörte ich, wie sein Stellvertreter, der Vizepräsident der Bundesärztekammer, den assistierten Suizid gar als »Drecksarbeit« bezeichnete, die man keinesfalls den Ärzten anhängen könne. Nach einer vom Meinungsforschungsinstitut TNS Healthcare durchgeführten repräsentativen Umfrage bei 483 deutschen Ärzten wären jedoch fast 40 Prozent von ihnen bereit, unheilbar kranken, leidenden Patienten beim Suizid zu helfen, und würden eine entsprechende Regelung begrüßen. Etwa 16 Prozent wären sogar bereit, auf Wunsch von Patienten hin deren Leben aktiv zu beenden. Fast die Hälfte der befragten Ärzte (44,5 Prozent) würde sich bei eigener schwerer, unheilbarer Krankheit wünschen, dass ein Kollege ihnen beim Suizid helfen darf. 31,5 Prozent wünschen für sich die Möglichkeit der aktiven Sterbehilfe.

Die Umfragen von »L'Hebdo« ergeben noch deutlichere Resultate in der Schweizer Bevölkerung. Fast 49 Prozent könnten sich vorstellen, nicht nur bei schwerer Krankheit, sondern auch bei hohem Alter und schwindendem Lebenssinn Sterbehilfe in Anspruch zu nehmen, gegenüber 39 Prozent, die das ausschließen. Und drei Viertel der Befragten würden anderen Menschen bei hohem Alter, auch ohne schweres, unheilbares Leiden, die Freiheit des assistierten Suizids zugestehen. Haben die Verantwortlichen genügend Kontakt zur Mehrheit der von ihnen vertretenen Menschen? Oder kann es sein, dass eine kleine Gruppe religiöser Fanatiker es fertigbringt, mit lautstarkem Getöse und mit Hilfe der Medien den Eindruck zu erwecken, die Bevölkerung wolle Freitodhilfe nicht?

Viele pflegebedürftige Menschen wollen nicht zusehen, wie die horrenden Pflegekosten das als Erbe für ihre Kinder gedachte Vermögen wegfrisst und oft die Kinder selbst noch finanziell belastet.

Über Jahrzehnte haben sie gespart mit Stolz, ihren Nachkommen etwas hinterlassen zu können. Nun soll das innerhalb kürzester Zeit alles weg sein, obwohl sie in ihrem eigenen Leben und Leiden keinen Sinn mehr sehen. Für längst nicht alle Menschen ist der Freitod so tabuisiert, dass sie klares Denken und Entscheiden verlieren. Gerade weil sie sich gesunden Menschenverstand, aber auch ihre vertrauten Wertvorstellungen bewahrt haben und es ihrer Auffassung von Selbstachtung entspricht, nehmen sie sich die Freiheit, ihren Tod selbst zu wählen und die Demütigungen der Abhängigkeit in materieller, physischer und/oder seelischer Hinsicht zu beenden.

Ähnlich wie meinen Großvater habe ich als Chefarzt einen anderen Bauern erlebt. Er hatte sein Leben lang hart gearbeitet, litt aber jetzt seit Jahren an Diabetes und Nierenversagen und musste dreimal die Woche zur Hämodialyse, zur maschinellen Blutreinigung. Sein Herz arbeitete nicht mehr richtig, und er hatte Bluthochdruck, chronische Magen- und Darmentzündung, ein Prostataleiden, chronische Blutungen im Gehirn, seine Nebenschilddrüsen mussten wegoperiert werden. Er konnte sich kaum mehr betätigen und fiel bei seinen Gehversuchen um. Er äußerte konstant, aufgrund seiner vielen Erkrankungen und Schmerzen hätte sein Leben keinen Sinn mehr. Er habe alle Freude und Interessen verloren und mit dem Leben abgeschlossen. Er nütze nichts mehr auf dieser Welt. Nicht einmal mehr das Kartenspiel zur Ablenkung sei möglich. Für ihn sei es Zeit zu sterben. Seit Längerem gab man ihm Antidepressiva und Beruhigungsmittel. Obwohl er täglich nur sieben verschiedene Medikamente, also vermutlich etwa zwanzig Tabletten erhielt, empfand er seinen geschundenen Körper als Pillenbehälter. Als er immer wieder seinen Sterbewunsch zum Thema machte, zog man die Psychiatrie bei. Das ging nun auch der Ehefrau zu weit, und sie nahm ihren Mann entgegen dem Rat der Ärzte nach Hause.

Manche Gegner des assistierten Suizids pflegen in ehrenwerter Absicht die Befürchtung, man könnte Druck auf die Menschen ausüben, den Freitod zu wählen, zum Beispiel aus wirtschaftlichen

Gründen. Nach den zehnjährigen Erfahrungen mit dem »Death with Dignity Act« im US-Staat Oregon sind es aber gerade nicht die benachteiligten und einsamen Armen, Schwarzen und Frauen ohne Krankenversicherung, welche die Sterbehilfe beanspruchen. Es sind die gut ausgebildeten Weißen, finanziell abgesichert und mit Krankenversicherung. Als Motive dominieren Verlust von Lebensqualität und Lebenssinn, Verlust von Kontrolle, Würde und Autonomie. Sie haben den Anspruch, selbst über ihr Leben zu bestimmen und folgerichtig auch über ihren Tod.

Für viele früher selbständige Menschen ist es eine der schwersten Belastungen, ihre Autonomie zu verlieren. Für solche Menschen ist es besonders unerträglich, trotz Pampers täglich sich selbst und das Badezimmer voll zu machen und nie mehr ohne fremde Hilfe ihr intimes Geschäft verrichten zu können. Und sie empfinden es als tief demütigend, von Pflegedienst und Angehörigen geputzt und gewickelt zu werden und das Essen eingelöffelt zu bekommen.

Bei den Pflegeteams erlebt man originelle Lösungsversuche, um aus dieser Demütigung herauszukommen und ein bisschen Kontrolle zurückzugewinnen. Ein Mann begann, täglich in Anwesenheit der Hauspflege im Wohnzimmer auf den Boden zu koten, und freute sich, dass die Pflegerin das Ganze unter seiner Beobachtung aufputzen musste.

Natürlich wird es immer Fälle geben, wo jemand sich von der Umgebung unter Druck gesetzt fühlt, aus dem Leben zu scheiden. Es wird zunehmend mehr überforderte Ehepartner und Kinder geben, die sich wünschen, das pflegebedürftige Familienmitglied würde sterben. Das wird aber sicher nicht durch begleitende Suizidhilfe gefördert, sondern im Gegenteil erheblich erschwert. Und missbräuchlichen Druck gibt es genauso in gegenteiliger Richtung, wie das folgende Beispiel illustriert.

Ein über achtzigjähriger Mann spricht schon lange von seinem Wunsch zu sterben. Schließlich wird er ernsthaft krank und ins Krankenhaus gebracht, wo eine Verengung der Herzkranzgefäße festgestellt wird. Da der Mann auf seinem Todeswunsch beharrt und außerdem weitere gesundheitliche Einschränkungen wie

Diabetes, Bluthochdruck und starkes Übergewicht hat, stellt sich die Frage, ob er eine koronare Bypassoperation erhalten soll. Der eine seiner Söhne hatte vom Vater viel Geld für eine Geschäftsgründung bezogen, machte aber Konkurs. Beim Tod des Vaters hätte er seinen Bruder auszahlen müssen, ohne das Geld zu haben. Er drängt sehr auf die Operation. Nach dem Eingriff ist der alte Mann verwirrt und aggressiv, will weder essen noch trinken und reißt sich die Infusionsschläuche heraus. Eine Verlegung zur Rehabilitation ist nicht möglich, der Patient wird weiter im Akutspital versorgt. Nach Monaten wird er nach Hause entlassen. Er ist Kettenraucher geworden und lässt Stuhl und Urin oft einfach unter sich. Er leidet unter starken Ängsten, eine massive Beruhigung mit Psychopharmaka ist unumgänglich und dennoch wenig wirksam. So lebt er weiter, betreut und doch einsam – als körperliche, seelische und finanzielle Bürde für sich selbst und die Umwelt und mit weiterhin unerfülltem Sterbewunsch.

Auch der von Gegnern der Sterbehilfe befürchtete Dammbruch blieb in Oregon aus. Es waren ein paar wenige Promille aller Todesfälle, die den geplanten Freitod wählten. Für eine viel größere Anzahl von Menschen ist es jedoch wichtig zu wissen, dass sie die Möglichkeit hätten, ihren Tod in Ruhe, mit Unterstützung und ohne Verheimlichung wählen zu können, wenn das Leben eine schlimme Wendung nähme. Folgerichtig hat der an Oregon angrenzende Bundesstaat Washington ebenfalls ein Gesetz für würdiges Sterben angenommen, und auch im nahe gelegenen Staat Montana wurde der assistierte Suizid von richterlicher Seite für legal erklärt. Die Niederlande und Belgien kennen seit einigen Jahren nicht nur den legalen assistierten Suizid, sondern auch die ärztliche Tötung auf Verlangen. Keine der von den christlichen Regenmachern beschworenen negativen Folgen sind eingetroffen. Trotzdem versucht im großmehrheitlich katholischen Luxemburg die Kirche, ähnlich wie beispielsweise in Italien und in der Schweiz, mit allen Mitteln ein liberales Gesetz zu verhindern!

In der Beratung erlebe ich regelmäßig familiäre Dramen, indem die betagten Eltern ihren Kindern das Versprechen abringen wollen, sie nie in ein Pflegeheim abzuschieben. Ein Versprechen, das manchmal gegeben wird, oft nicht eingehalten werden kann und dann schwere Vorwürfe bei den Eltern und Schuldgefühle bei den Kindern hervorruft.

Besonders aktiv im Widerstand gegen die Suizidbeihilfe ist neben den Kirchen zum Beispiel die schweizerische Evangelische Volkspartei (EVP). Sie hat das völlige Verbot von Suizidhilfe zum Ziel. Sollte dies nicht erreicht werden können, so soll laut Beschluss der Delegierten mindestens jedes Entgegennehmen von Entschädigungen strafbar werden. Außerdem soll jede Sterbehilfe an ausländische Notleidende unterbunden werden. Ähnlich äußert sich die Schweizerische Bischofskonferenz, Suizid sei niemals gerechtfertigt. EVP und Bischofskonferenz wagen sogar, dabei von der Würde des Sterbens zu sprechen. Dies ist herzlos, abstrakt und völlig entfernt vom wirklichen Leben. Die Vereinigung katholischer Ärzte der Schweiz (VKAS) geht noch weiter. Die Autonomie von Sterbewilligen wird da offen als Illusion bezeichnet, weil wir ja alle Gottesgeschöpfe seien und das Leben als Geschenk erhalten hätten. Entsprechend könne der Mensch als Gottesgeschöpf seine Würde nie verlieren und sein Leben nie selbst beenden, unabhängig von den konkreten Lebensumständen. Demgemäß kann die eigene Existenz eines Menschen noch so demütigend, entwürdigend und qualvoll sein. Auch wenn er monate- oder jahrelang einkotet und mit Schmerzen und einsam dahindämmert, so sind diese Umstände für die VKAS nicht maßgebend, da er ja vor Gott eine unzerstörbare Würde habe.

Als ich gegen diese Auffassung in der »Schweizerischen Ärztezeitung« einen Leserbrief schrieb, ermahnten mich verschiedene Kollegen, die christliche Lehre nicht zu vergessen, und stellten mir dafür nach meinem Tod die Hölle in Aussicht. Das Paradies als Gottes Herrlichkeit biete keinen Raum für solche gottwidrigen Einstellungen, meinten sie. Bei derartigen Reaktionen werde ich unwillkürlich von Erstaunen erfasst: »Ja wissen die denn nicht, dass der Kosmos grenzenlos gütig ist? Spüren die denn nicht, dass sie selbst wie alles andere aus Licht aufgebaut sind?«

Kürzlich hörte ich einen Vortrag eines Theologen vom Schweizerischen Evangelischen Kirchenbund (SEK). Der Frage, warum von den offenbar 631 Geboten und Verboten des Alten Testaments gerade dieses so hervorgehoben werde bei Vernachlässigung fast aller anderen, konnte er nicht beantworten. Dass im Neuen Testament kein Tötungsverbot nachzuweisen ist, versuchte er zu umschiffen. Jesus habe gegen Hass und Wut gepredigt und geboten, seine Feinde zu lieben. Und das sei die Vorstufe zum Töten. Er konnte theologisch nachweisen, dass der Selbstmord Sünde sei! Gott allein beanspruche alle Macht über Leben und Tod. Ob er wohl mit dem Bild des machthungrigen Gottes noch viele heutige Menschen erreichen kann? In der therapeutischen Beratung und in den Kursen zeigt sich zwar immer wieder, dass manche Menschen dieses Gottesbild aus ihrer Kindheit, meist ziemlich unbewusst, noch mitschleppen. Die alte, im ersten Kapitel genannte Angst meldet sich diffus und treibt ihr Zerstörungswerk in der menschlichen Seele unmerklich weiter. Das Bewusstwerden dieser früh abgespeicherten Vorstellungen geht jedoch fast immer mit einer entsprechenden Befreiung einher.

Nehmen wir einmal an, unabhängig von historischer Wahrheitsfindung, Jesus habe so existiert und gelehrt, wie es in den Evangelien überliefert ist und wie es von den meisten Gläubigen für wahr gehalten wird. Da ergibt sich ein ganz anderes Bild von ihm, als es diese Christen proklamieren. Gegen niemanden ist Jesus so scharf und aggressiv aufgetreten wie gegen die damaligen Schriftgläubigen, eben jene Pharisäer und Schriftgelehrten, die auch nichts anderes wollten, als den Geboten und Gesetzen ihres abstrakten Gottes Nachachtung zu verschaffen. Als Heuchler, Schlangenbrut oder Otterngezücht soll Jesus sie beschimpft haben. Ständig gab es Streit zwischen ihm und den damaligen Glaubenshütern. Die Pharisäer griffen ihn an, weil er am Sabbat Kranke heilte, weil er sich verunreinigt habe beim gemeinsamen Essen mit Prostituierten und anderen Sündern, weil er die Steinigung einer Ehebrecherin nicht befürwortete, weil eine Prostituierte ihm mit Öl die Füße massierte und aus diversen anderen Gründen. Jesus warnte seine

Schüler ausdrücklich vor der dogmatischen Lehre der Pharisäer, und diese wiederum überlegten sich, wie sie ihn umbringen könnten.

Jesus sprach offen aus, es gehe um Liebe und menschliche Anteilnahme und nicht um die Befolgung abstrakter Gottesgebote. Der Ausdruck »Pharisäer« gilt deshalb bis heute als Inbegriff für herzlose Besserwisserei und autoritäres Bekehrertum, bei dem die eigenen Ansichten anderen aufgezwungen werden. Entsprechend äußert sich der emeritierte Philosophieprofessor Frank-Reiner Rupprecht: Die Befürworter der Sterbehilfe wollten ja niemandem etwas aufzwingen, die Gegner fänden jedoch, dass jedermann sich ihrer Ansicht unterordnen müsse. Die erste Bitte des Vaterunsers in dieser Zeit müsste lauten: Sei gnädig mit allen Menschen, die nicht einen liebevollen, großzügigen, humorvollen und menschlich fühlenden Gott verkünden, für den die geistige Freiheit der Menschen das höchste Gut ist.

Natürlich waren die Pharisäer überzeugt, nur das Beste für die Menschen zu verteidigen, so wie die heute sich als christlich bezeichnenden Schriftgläubigen auch. Nun stellen wir uns einmal vor, einer würde ernsthaft ein Jünger und Nachfolger dieses Jesus werden wollen. Er würde sich also mit der gleichen Radikalität und Aggressivität die heutigen dogmatischen Schriftgelehrten und Vertreter abstrakter Gottesgesetze mit dem Gebot der unmittelbaren Nächstenliebe konfrontieren. Das gäbe ein rechtes Medienspektakel! Dass so eine Person auftritt, bleibt wohl ein Traum, und die Bevormundungsversuche durch religiöse Gruppen werden noch nicht der Vergangenheit angehören. Dass gerade jene, die sich unentwegt auf Jesus berufen, seinen undogmatischen und mitmenschlich einfühlsamen Zugang nicht nachvollziehen können, ist von besonderer Ironie. Es ist darum nicht überraschend, dass in den politischen Vorstößen dieser Leute die große Not vieler Sterbewilliger mit keinem Wort erwähnt wird.

Eine Bundesrätin, Chefin des Eidgenössischen Justiz- und Polizeidepartements, sagte in einem Interview: »Es kann nicht sein, dass Sterbehilfe ein Gewerbe wird, mit Bewilligungen und Gewerbevorschriften, die man bloß einhalten muss, um Sterbehilfe gewerbemäßig und gewinnorientiert zu betreiben.« Wenn sie auf Kommerz ausgerichtet, also gewinnorientiert ist, ist sie sicher nicht vertretbar. Da muss deutlich und klar ein Tabu angesprochen und ein pseudoethisches Klischee beim Namen genannt werden! Warum soll es ethischer sein, an Kranken und unentwegt Leidenden Geld zu verdienen, die nichts anderes wünschen als Erlösung durch den Tod, aber gezwungen werden, für teures Geld weiter zu leiden, und damit helfen, Spitaldefizite zu verkleinern? Warum ist es ethischer, für Abtreibungen Entschädigung zu fordern, sogar zu Lasten der Krankenversicherung, als für Suizidhilfe? Die Liste ließe sich beliebig verlängern, angefangen beim Geld, das bei den Rauchern und Alkoholikern verdient wird. Das privatwirtschaftliche Prinzip »Geld gegen Leistung« muss generell gegen Missbrauch geschützt werden, garantiert aber andererseits mehr Qualität als eine monopolistische, gar staatliche Lösung, die allenfalls durch Steuern finanziert wird. Warum würde sonst beispielsweise mehr Wettbewerb im Gesundheitswesen gefordert? Besonders wenn wir wieder eine Kultur des würdigen Sterbens erreichen wollen, könnte die freie Marktwirtschaft hier gewaltig unterstützend wirken, so wie der Wettbewerb in der Hotellerie erst die hohe Hotelkultur bringt.

Der Anspruch, diese Dienste halb oder ganz gratis zu erbringen, würde gerade die Gefahr erhöhen, Leute mit zweifelhaften Motiven anzuziehen. Die Not vieler Sterbewilliger ist zwar unmenschlich groß. Trotzdem sollten sie im Sinne der Eigenverantwortung und des Verursacherprinzips im Rahmen unseres anerkannten Wirtschaftssystems für die entstehenden Kosten aufkommen. Für Härtefälle können Fonds geschaffen werden. Eine auch finanziell saubere Regelung wäre an sich schon eine gute Bremse gegen überstürzten, begleiteten Suizid, der zwar kaum vorkommt, aber von Politikern und Religiösen vielfach behauptet wird. Es ist unlogisch, einerseits die Organisationen zu zwingen, die Dienstleistung fast oder ganz gratis anzubieten, und andererseits mit einer Unzahl von Vorschriften den Vorgang zu komplizieren und hinauszuziehen. Nicht alle Sterbewilligen wünschen genau die gleiche Hilfe und Begleitung. Ein wirtschaftlich adäquates Angebot und eine mögliche Auswahl unter mehreren Anbietern erspart den Sterbewilligen das demütigende Gefühl der einseitigen Abhängigkeit und Schuldgefühle wegen der Inanspruchnahme von sehr erheblichen Gratisleistungen. Die Forderung der Gratisleistung hätte eine Erniedrigung der betroffenen Menschen zur Folge. In offensichtlich unredlicher Absicht führen die Gegner der Suizidassistenz ins Feld, eine Bezahlung sei ungesetzlich, weil Suizidbeihilfe aus egoistischen Motiven verboten ist. Es besteht jedoch kein Zweifel, dass damit Suizid-»Beihilfe« gemeint ist von potenziellen Erben oder Erbschleichern, die erheblich vom Tod des Betreffenden profitieren würden. Anderenfalls müsste jede bezahlte Dienstleistung als in diesem Sinne egoistisch und unethisch bezeichnet werden, wie gesagt auch die Krankenpflege und die ärztliche Versorgung.

Die Chefin des Justiz- und Polizeidepartements äußerte im gleichen Interview, wenn jemand sich selbst umbringen wolle, könne er das ja tun, das sei in seiner eigenen Verantwortung. Die Gefühlskälte in dieser Aussage zieht mir noch heute, zwei Jahre später, das Herz zusammen. Wer so spricht, nimmt die Not und Einsamkeit von vielen Sterbewilligen nicht zur Kenntnis, oder es fehlt an mitmenschlichem Respekt und Barmherzigkeit. Liebevoll und ethisch vertretbar wäre es, den zum Freitod Entschlossenen zu ermöglichen, ihren Tod nicht schamvoll und heimlich planen und sich ohne Abschied davonschleichen zu müssen, mit den bekannten Folgen für die Angehörigen. Dies betrifft in Deutschland und der Schweiz zusammen etwa zwölf- bis dreizehntausend Suizide jährlich, die erfolgreich sind, und etwa die zehn- bis fünfzigfache Dunkelziffer von erfolglosen Versuchen. Die Würde dieser Menschen ist ein ebenso aktuelles Thema, wenn sie einsam und allein eine Tötungsart zu wählen gezwungen sind, von der sie nicht wissen, ob sie gelingt, und die oftmals äußerst brutal ist für sie selbst und die Hinterbliebenen! Viele Menschen ahnen nicht, wie schockierend es sein kann, einen Angehörigen erhängt, in einer

Blutlache in der Wohnung oder aufgedunsen im eigenen Blut in der Badewanne zu finden. Nicht zu reden von denen, deren Körper von einem Zug zermalmt oder deren Kopf von einer Gewehrkugel weggepustet wurde. Wer von diesen konkreten Beschreibungen schockiert ist, möge zur Kenntnis nehmen, dass es noch krassere tatsächliche Beispiele gibt.

Die Sterbehilfeorganisationen müssen also nicht verboten, sondern ausgebaut werden. Erinnern wir uns an das Sterben der alten Indianerfrau Sarah in Alaska. In ähnlicher Art wurde in einer amerikanischen Soap kürzlich dargestellt, wie ein reicher Geschäftsmann im terminalen Krebsstadium seine Beerdigung mit allen Verwandten und Bekannten feierte. Es gab Musik, Abschiedsreden, Kuchen, der vom bald Sterbenden angeschnitten und verteilt wurde wie von einem Bräutigam bei der Hochzeit. Können wir wirklich nicht ein bisschen zu solch einer Sterbekultur hinfinden, wenigstens für einige, die nicht vor allem die Angst kultivieren wollen? Die Katholiken könnten mit einem toleranten, gegenüber dem Papst ungehorsamen Priester den verbotenen Abschied doch mit einer Messe feiern. Oder es könnte eine Verabschiedung ähnlich wie beim Ausscheiden aus dem Beruf sein. Diesen Dienst aber können die heutigen Kirchen mit ihrem alleinigen Herrschergott über Leben und Tod nicht erbringen. Da bräuchte es eben Sterbehilfeorganisationen, die im freien wirtschaftlichen Wettbewerb ihre Qualität stets verbessern und die Bedürfnisse der Sterbenden und ihrer Angehörigen ernst nehmen. Jetzt wurden Gesetzesentwürfe des Gesamtbundesrats in die Vernehmlassung gegeben, in der die Sterbehilfe ganz verboten werden soll. Wenn das nicht geht, so soll sie mindestens stark eingeschränkt und verkompliziert werden. Ich kann dazu nur sagen: nachhaltige Herzlosigkeit. Die Organisation Exit hat bereits das Referendum angekündigt, und ich bin sehr zuversichtlich, dass es zustande kommt. Wir dürfen glücklicherweise weiter vermuten, es wird so wuchtig angenommen, dass es für den Bundesrat einer Ohrfeige gleichkommt.

Ich lasse dieses Kapitel ausklingen mit Worten von Sabine Wagenseil. Sie hat kurz nach dem Tod ihres Meditationslehrers und katholischen Priesters seine Stimme vernommen und Sätze von großer Schönheit notiert: »Auch Sterben ist Erneuerung, und Sterben ist immer die Phase und der Prozess vor der Geburt ins Neue hinein. Es geht im Sterbeprozess sowie im Todeserlebnis selbst um eine gewaltige Wandlung. Es ist die Liebe selbst. Tod ist Liebe. Den Weg sehen, den Weg gehen, zum Weg werden. Das Licht schauen, zum Licht gehen, zum Licht werden. Im Tod zum Licht werden.«

# Gib dem Zufall eine Chance

Der alte Schöpfer- und Herrschergott war einerseits ein geniales und fast modern anmutendes Konzept. Er sieht alles bis in die geheimsten Winkel des menschlichen Bewusstseins. Er kontrolliert alles bis hin zum Tod und zur Vermehrung von Flöhen und Bakterien. Er beschützt und bestraft die Menschen nach seinem Gutdünken, um jederzeit die Herrschaft und die Allmacht in seinen Händen zu behalten. Wer sich also gut mit ihm stellt, kann auf reiche Belohnung hoffen. Die Feinde werden einem von ihm in die Hand gegeben oder sonst wie vernichtet. Ihr Land und ihre Güter aber kommen in unseren legitimen Besitz. Kurzum, als Kinder des einzigen und allmächtigen Gottes sind wir immer auf der richtigen Seite. Und wenn es seinem unerforschlichen Willen gefällt, uns diesseits scheitern zu lassen, so wird er uns im Jenseits umso reicher belohnen.

Andererseits ließen die Ungerechtigkeiten unter den Menschen, die aus unerfindlichen Gründen von Gott nicht adäquat bestraft wurden, bei aufgeklärten Menschen manche Zweifel an dessen Fairness aufkommen. Warum beispielsweise konnte ein offensichtlicher Bösewicht bei bester Gesundheit ein hohes Alter erreichen, während der ebenso offensichtlich Fromme von einer heimtückischen Krankheit früh dahingerafft wurde? Von den unschuldigen und früh verstorbenen Kindern gar nicht erst zu reden. Die Frage »Warum kann Gott das zulassen?« ist seit langem zum geflügelten Wort geworden.

Schon in alten Zeiten wurden alternative Konzepte gehandelt, welche die Mitwirkung des Menschen und seine Belohnungen oder Bestrafungen berechenbarer machten und weniger Spielraum für Ungerechtigkeiten ließen. Mit dem Konzept der wiederholten Erdenleben und dem Karmaprinzip konnten viele Defizite des willkürlichen Gottes aus der Welt geschafft werden. Gerade in Zeiten, da der naturwissenschaftliche Gedanke von Ursache und Wirkung mächtig an Popularität zulegte, war der Karmagedanke das dazu passende religiöse Pendant. Es ist nicht verwunderlich, dass dieses Konzept in Europa ähnlich weit verbreitet ist wie die monotheistische Sicht vom liebenden Herrschergott. Dem autonom denkenden Menschen ist die Annahme erträglicher, er habe zwar sein Unglück in diesem Leben selbst verursacht, er könne aber durch richtiges Verhalten in der Gegenwart sein Schicksal schon in diesem, noch mehr aber in zukünftigen Leben zum Besseren wenden. Das gewährt mehr irdische Gerechtigkeit, die jedoch trotzdem im übersinnlichen Jenseits ihre Wurzeln hat.

Dieses Konzept gewinnt zusätzliche Überzeugungskraft durch die als Beweise gewerteten Rückführungen in frühere Leben, die heute im Prinzip jedermann zugänglich sind und fast schon zum Standardset des Menschen in modernen, westlich geprägten Zivilisationen gehören. Besonders interessant sind die Rückführungen in die Zustände zwischen zwei Leben, wie sie der amerikanische Hypnotherapeut Michael Newton veröffentlichte. Die Probanden schildern in aller Ausführlichkeit, wie sie das zurückgelegte Leben mit Hilfe von Geistführern verarbeiten und wie sie sich unter deren Anleitung ebenso auf ein neues Leben vorbereiten. Die Rückführungen wie auch die Nahtoderlebnisse stehen grundsätzlich allen Menschen offen. Sie setzen kaum mehr einen Elitestatus an Erleuchtung oder an geistiger Entwicklung voraus und passen besser in unsere westliche demokratische Welt als die althergebrachten Entrückungszustände, die weitgehend den Propheten, Heiligen und Asketen sowie einer kleinen frommen Elite wie der Jungfer Bäurle vorbehalten waren oder sind.

Sowohl die Herrschergott- wie auch die Reinkarnations- beziehungsweise Karmavariante der Welterklärungen können als Versuch gewertet werden, das individuelle und das kollektive Unglück akzeptierbar und erträglicher zu machen und einen Zusammenhang zwischen eigenem Verhalten und dem Schicksal herzustellen. In Zeiten, da es uns gut geht, kümmern wir uns in der Regel weniger um Welttheorien. Für Glück und Wohlbefinden brauchen wir keine großen Erklärungen. Es genügt, dankbar zu akzeptieren, zu genießen und sich zu freuen. Im günstigen Falle haben wir auch ein inneres Gefühl oder Wissen, in der Welt oder im Kosmos aufgehoben zu sein. Die Zeiten der Verzweiflung hingegen schreien nach einer Erklärung, die unseren Verstand und unser Herz beruhigen, wenn uns Böses und Ungerechtes oder zumindest Unerklärliches geschieht.

Das Konzept der ursächlichen Zusammenhänge beherrscht nicht nur die Karmalehre, sondern auch die Theorien von Psychologie, Psychiatrie und Psychosomatik. Die wohl wichtigste Grundlage dieser Fachgebiete ist die Annahme, unser Bewusstsein habe etwas mit Gesundheit und Krankheit von uns zu tun. Auch diese Konzepte geben uns das Gefühl, unser Existieren zumindest teilweise verstehen und steuern zu können.

Ist es auch möglich, ohne eine umfassende übergeordnete Theorie mit bestimmten Gesetzen, Geboten und Verboten zu leben? Ich erinnere mich gern an jene Zeit im Gymnasium, da ich durch und durch fasziniert den Roman »Die Pest« von Albert Camus las. Das Buch versetzte mich in eine Art Trance, ähnlich wie viele Jahre früher der Bericht der Jungfer Bäurle über ihre Jenseitsreisen bis hin zum Neuen Jerusalem. Es war im Roman der atheistische Arzt Bernard Rieux, der mich dermaßen beeindruckte. Er sah das Leben als Absurdität, ohne Erklärung, ohne höhere Begründung. Die Pestepidemie in der Stadt Oran, die so viele Menschen dahinraffte, setzte der Absurdität des Lebens die Spitze auf.

Doch Rieux fand die Courage auszuharren, zu helfen und zu pflegen, selbst wenn er die Menschen nicht retten noch ihnen irgendetwas versprechen konnte für ein Jenseits. Während andere Reißaus nahmen, fand er Sinn. Nächstenliebe, humanistische Solidarität und Mitmenschlichkeit gaben seinem Handeln mehr und mehr Richtung und Hintergrund. Camus fand in dem Roman in meinen Augen zur höchstmöglichen Humanität und Ethik. Endlich war ich befreit aus dem christlichen System von Belohnung und Bestrafung, das jede Ethik zugrunde richten musste. Etwas nur zu tun, weil eine höhere Instanz belohnte oder bestrafte, zerstört das höchste Gut des Menschen: die Liebe in Freiheit. Camus zeigt im Roman ja auch die Gegenfigur, den Jesuitenpater Paneloux, der die Pest als Strafe Gottes für die sündigen Menschen sieht.

Dieses Problem, dass in manchen Religionen das Wertvollste, die Freiheit des Menschen, geopfert war, hatte mich schon jahrelang umgetrieben, bevor »Die Pest« mir zugänglich wurde. Die höchste Form der Liebe kommt nicht ohne Freiheit aus. Das war für mich in der Adoleszenz mehr und mehr das Unerträgliche am Christentum. Ständig wurde von Liebe geredet. Aber der Urgrund der Liebe, die umfassende Freiheit und das Vertrauen waren dabei auf der Strecke geblieben.

Doch auch ohne eine Philosophie der Freiheit dürfte ein gutes Leben möglich sein. Denken Sie nur an die vielen atheistischen und klassisch materialistischen Forscher, die weder an irgendeine höhere Kraft noch an die Freiheit des Menschen glaubten und dennoch ein gutes und kreatives Leben führen konnten. Doch als naturwissenschaftliche Forscher waren sie sowieso in ein zutiefst spirituelles Netz verwoben: eben in die Naturwissenschaften mit dem Fortschrittsglauben.

Warum schreibe ich das alles? Viele Menschen haben sich eine neue Last aufgebürdet. Die modernen spirituellen Theorien orientieren sich weder am Herrschergott noch durchwegs am Karmaprinzip. Entsprechend dem Weiterschreiten der physikalischen Naturerklärungen richten sie sich häufig am Weltbild eines holografischen Universums aus, in dem alles mit allem zusammenhängt und jeder Teil Information über das Ganze hat, wie ich ja schon geschrieben habe. Die dazu gängige logische These lautet, wir würden uns alles selbst kreieren, also unser Schicksal erschaffen. Nicht durch Karma, sondern direkt in unserem Bewusstsein. Und da liegt die Krux. Da schaffen die Menschen sich die neue Bürde. Sie hinterfragen sich, was sie sich denn wieder für eine unerträgliche Situation eingebrockt hätten.

Die Devise »Ich kreiere mir alles selbst« mag ja wunderbar sein, wenn alles gut läuft mit Gesundheit, Partnerschaft, Kindern, Job und Finanzen. Doch nach allgemeiner Erfahrung ist die Wahrscheinlichkeit hoch, dass es im Leben manchmal im einen oder anderen Bereich zu Problemen, wenn nicht gar zum Crash kommt. Und dann kann die These, dass man für all das selbst gesorgt haben soll, fatal und sehr belastend sein. Die Menschen können vielfach nicht verstehen, wie sie sich eine solch schwere Lebenssituation geschaffen haben könnten. Sie möchten die Zusammenhänge nachvollziehen und kommen aus dem Grübeln nicht mehr heraus. Doch selbst wenn die These stimmen sollte, dass wir uns alles selbst zuzuschreiben haben, so ist damit aus mindestens einem Dutzend Ursachen für unsere Situation eine einzige herausgepickt und verabsolutiert. Denn es könnte sein, dass dieses »Selbstkreieren« nur zu 10 Prozent für unsere Situation verantwortlich gemacht werden kann.

Daher meine Empfehlung: Geben Sie dem Zufall eine Chance! Lassen Sie sich diesen Ausweg offen, dass Sie nicht für alles verantwortlich sind, was Ihnen begegnet im Leben. Nicht nur der Zufall kommt infrage, es können auch die Gene sein, von der schlechten Erziehung schlechter Eltern ganz zu schweigen. Auch die Psychosomatik ist von begrenzter Gültigkeit, wenn es speziell um die Gesundheit geht. Der Einzelfall, das heißt der einzelne Mensch, ist nie statistisch zu erfassen. Da ist immer alles möglich, alles offen. Es kommt vor, dass Leute mit bestimmten seelischen Voraussetzungen spezielle körperliche Symptome entwickeln. Aber nicht alle Menschen entwickeln überhaupt Krankheiten, wenn etwas nicht rund läuft in ihrem Seelenleben. Andere zeigen die Symptome, obwohl nichts als Ursache in ihrer Psyche gefunden werden kann. Das Leben ist weder geradlinig noch stur. Es ist sehr flexibel und kann im einen Fall diesen Weg einschlagen, ein andermal einen anderen.

Am besten, scheint mir, haben Sie also immer einen »Mix« an Glaubenskonzepten zur Verfügung, die Sie nach Bedarf unterschiedlich akzentuieren können: einmal etwas mehr Eigenkreation, ein andermal mehr Zufall. Ein drittes Mal etwas mehr Schuld oder Verdienst der Vorfahren beziehungsweise eine Laune des Schicksals. Machen Sie sich bewusst, dass Ihre Freiheit und die Auswahl an Konzepten fast unbegrenzt sind. Sie können sie pragmatisch und opportunistisch einsetzen. Es gibt ohnehin schon genug Bereiche, in denen uns diese Freiheit nur noch begrenzt zur Verfügung steht. Denken wir allein an die Gesundheit und die wissenschaftlichen medizinischen Meinungen, wo sich bereits viele Konzepte ziemlich diktatorisch durchgesetzt haben. Wer würde beispielsweise heute noch wagen, bei ständigem Alkoholmissbrauch eine allmählich auftretende Leberzirrhose oder den Lungenkrebs bei chronischen Rauchern nicht in ursächlichen Zusammenhang zu bringen? Das ist ja so weit so gut und wahrscheinlich sogar sinnvoll. Doch mir tun die Menschen leid, die für jede Muskelverspannung, jeden Hexenschuss und jede Fußverstauchung eine Erklärung bei sich selbst suchen, weil es ja keine Zufälle geben soll.

Wenn man ein gesundheitliches Problem erfolgreich und einfach durch medizinische oder chirurgische Maßnahmen beheben kann, soll man sich nicht zu viel Mühe mit geistigen Erklärungen und Heilungsversuchen machen. Habe ich ein blockiertes Gelenk in der Wirbelsäule oder im Kreuz, gehe ich zum Chiropraktiker. Was kümmern mich da groß verborgene und vermutete seelische Zusammenhänge? Kann der Chiropraktiker oder sonst ein Experte das Problem nicht beheben und wird es chronisch, muss ich mich allenfalls mit möglichen Ursachen bei mir selbst befassen. Aber auch in diesem Fall scheint es aussichtsreicher, zunächst alternative therapeutische Methoden auszuprobieren. Sollte eine Methode erfolgreich sein, darf sie auch ein dazu passendes Erklärungsmodell liefern.

Wir kennen Rhonda Byrnes Buch »The Secret«, dessen Verkaufserfolg jeden Autor vor Neid gelb und grün werden lässt. Es behandelt in aller Ausführlichkeit das Gesetz der Anziehung mit all den feinen Rezepten für Wohlstand, wunderbare Partner und was das Herz sonst noch so begehrt. Ich habe schon davon geschrieben. Jetzt ist ein neues Buch herausgekommen, man könnte fast sagen als Ergänzung: »Die Schicksalsgesetze«. Darin heißt es, Gesetzestreue sei eine Frage der Intelligenz. Unkenntnis der Gesetze und Verstöße gegen sie würden zu unnötigem Kräfteverschleiß und zum Scheitern führen. Nichts lohne mehr als das Erlernen der Gesetze des Lebens und ihre Anwendung in der richtigen Reihenfolge. Würden wir mehrheitlich die Gesetze kennen, hätten wir es ungleich leichter mit unserer Gesundheit, unseren Partnerschaften und dem Berufsleben. Das Buch ist von einem Arzt geschrieben.

Die sogenannten kosmischen oder geistigen Gesetze, die Hermes Trismegistos beziehungsweise dem ägyptischen Gott Thot zugeschrieben werden, sind eine feine Sache. Ich habe sie selbst schon in meinen Publikationen und Vorträgen erwähnt. Nur missfällt mir eigentlich der Ausdruck »Gesetze«. Ich würde lieber von »Anregungen zum Nachdenken oder Ausprobieren« reden. Wenn ich aber alle diese Gesetze kennen und befolgen muss, damit es mir in diesem Leben gut geht, regt sich großer Widerstand in mir. Mein Fazit: »Alter Wein in neuen Schläuchen.«

Ein weiteres Glaubenskonzept betrifft die Lebensaufgabe. Damit scheint ein Kompromiss geschaffen zwischen Herrschergott und Karmaprinzip. Wir begegnen oft der Aussage von spirituellen Lehrern, jede Seele werde mit einer Lebensaufgabe geboren, die sie »abzuarbeiten« habe. Die Menschen kommen dann in die Beratung und fragen: »Was ist meine Lebensaufgabe?« Sie sind überzeugt, Gott, ihr höheres Selbst, ihre Seele oder ihr Bewusstsein im vorgeburtlichen Zustand habe für das jetzige Dasein ihre »Lebensaufgabe« festgelegt. Die müssten sie erkennen, aber die könnten sie auch übersehen und verpassen. Dann hätten sie dieses Leben quasi umsonst gelebt. Wieder eine Inkarnation vergeudet, weil man die Lebensaufgabe nicht erkannt hat und damit die notwendigen Schritte zur Erleuchtung oder zur Befreiung aus dem Rad der Wiedergeburt nicht tun konnte.

Manchmal glauben sie, ihre Lebensaufgabe erkannt zu haben, fällen entsprechende Entscheidungen und geraten dann in schwere Krisen. Beispielsweise realisieren sie, dass ihnen der gewählte Berufswechsel mit der Zeit ganz und gar nicht mehr gefällt. Oder sie gehen wegen irgendwelcher Probleme zu einem Medium und bekommen dort gesagt, ihre Lebensaufgabe läge ganz woanders. Das kann sie dann erst recht in die Krise stürzen.

Überlegen Sie sich gut, ob Sie am Konzept der vorgeburtlich bestimmten Lebensaufgabe festhalten wollen. Sie könnten sich mit mindestens gleicher Wahrheitsgarantie das Konzept wählen, dass Sie sich Ihre Lebensaufgabe in Ihrem aktuellen Leben selbst wählen und sich beliebig für eine andere, neue Aufgabe entscheiden dürfen!

Die Menschen würden sich alles selbst kreieren, was ihnen im Leben geschieht, wird als These besonders brisant, wenn sie auf andere angewendet wird. Würde das heißen, alle seien selbst verantwortlich und benötigten unser Mitgefühl und unsere Fürsorge nicht? Oder sie verdienten unser Mitgefühl, weil sie von ihrer Verantwortung für ihr eigenes Schicksal so idiotisch Gebrauch gemacht hätten? Haben sie sich das vielleicht sogar kreiert, um uns die Gelegenheit zu mitmenschlicher Hilfe zu geben? Sollen wir versuchen, ihnen aus ihrem schlimmen Schicksal herauszuhelfen, oder sollen wir liebevoll ihre eigene Wahl respektieren, wie das manchmal auch postuliert wird?

Ein Medium berichtete mir einmal, sie habe einst mit großem Unbehagen Tiere in einem asiatischen Zoo betrachtet, die nach unseren Maßstäben unter unglaublich tierquälerischen Bedingungen gehalten worden seien. Doch dann habe sie mit einem jener Tiere zu kommunizieren begonnen. Dieses habe ihr vorgehalten, sie respektiere seine freie, eigene Wahl für ein solches Schicksal nicht. Ich stelle diese Aussage nicht infrage. Aber ob freie eigene Entscheidung oder Wille Gottes, wir stehen vor dem gleichen Dilemma. Nach unserem menschlichen Ermessen sind die Zustände unmenschlich und nicht zumutbar. Es bleiben die Fragen »Wie kann Gott das zulassen?« oder »Wie konnte dieses Lebewesen, Mensch oder Tier, freiwillig eine solche Wahl treffen?«, »Schickt Gott das als Strafe, oder sucht das Lebewesen Umstände, die unausweichlich mit Leiden verbunden sind?«, »Glauben wir nur, sie würden leiden, und es trifft gar nicht zu?«.

Beide Erklärungshypothesen sind in unserer Zeit politisch nicht korrekt: sowohl die vom allmächtigen Gott wie die vom Universum, in dem wir alles selbst kreieren. Dann doch lieber die absurde Welt des Albert Camus beziehungsweise seiner Romanfigur Dr. Rieux, der durch sein Ausharren bei den Pestkranken die höchste Form der Liebe entstehen lässt. Eine Liebe, die nicht an Bedingungen geknüpft ist, die nicht wegen Belohnung oder Bestrafung geübt wird, sondern aus voller, menschlicher Freiheit. Das kann »göttliche Liebe« genannt werden. Gerade aus dem gnadenlosen Zufall kann also die höchste Form der Liebe entstehen.

# Wer Heilung braucht, soll heilen

Diese Überschrift stammt aus dem »Kurs in Wundern«, genauer aus der für Psychotherapeuten gedachten Ergänzungsbroschüre dazu. Sie ist lesenswert. Das eigentliche Buch »Ein Kurs in Wundern« konnte mich allerdings nie als Freund gewinnen, obwohl ich einige Anläufe gemacht habe und obschon es bei vielen Spirituellen sehr geschätzt wird. Doch der Satz, wer Heilung brauche, solle heilen, ist sehr stimmig für mich! Mit anderen Worten: Ich halte ihn in den meisten Fällen für zutreffend.

Das hat wohl auch mit meinem Beruf zu tun. Man sagt ja im Besonderen den Psychiatern nach, sie hätten diese Profession gewählt, um ihre eigenen Probleme zu lösen. Dagegen ist nicht viel einzuwenden, und es spricht nicht gegen die Begabung und Qualität der Betroffenen. Es ist eine allgemeine menschliche Erfahrung, dass Hilfe an anderen einem selbst auch hilft. Helfen ist in der Regel gesünder und leichter, als Hilfe anzunehmen.

Viele Menschen kommen zu mir und erzählen über ihre Neigung und Begabung für eine heilende Tätigkeit. Dann kommt die Bemerkung: »Aber zuerst muss ich meine eigenen Probleme lösen.« Meine Antwort darauf ist manchmal ein Ja, viel häufiger aber ein Nein. Heiler sind nicht besser und haben nicht weniger Probleme zu bewältigen als alle anderen Menschen auch. Wie schon gesagt wurde, verhält es sich in manchen Fällen gerade umgekehrt. Ich habe Heiler und Medien in allerschwierigsten Situationen mit sich selbst, in der Partnerbeziehung, mit Kindern und manchem anderen erlebt. Ich habe nicht feststellen können, dass ihre Begabung davon abhängig gewesen wäre. Vielleicht hatten sie in Krisenzeiten weniger Kraft und Durchhaltevermögen, mussten sich häufiger schonen oder mehr Pausen einlegen. Das ist bei allen Menschen so, die schwere Zeiten durchstehen müssen. Irgendwo habe ich einmal den klugen Spruch gelesen, Gott heile ebenso durch Pflanzen und Tiere, die ja auch nicht zuerst ihre Probleme zu lösen hätten.

Auf den Philippinen gab es eine schwerstbehinderte junge Frau, die sich kaum bewegen und nur mit ihrer Mutter in einer rudimentären Sprache reden konnte. Trotzdem gingen Tausende von Heilung Suchenden über Jahre zu ihr. Der philippinische Heiler und Geistchirurg Toni Agpaoa, ebenso begabt wie umstritten, war gleichzeitig ein tüchtiger Geschäftsmann, der ein Hotel und noch weitere Betriebe besaß. Er wurde seinerzeit aus der philippinischen Heilerunion ausgeschlossen, weil er für seine Behandlungen Geld verlangte, was damals den Regeln dieser Vereinigung widersprach. Außerdem soll er Lebemann mit einem Faible für Frauen und Autos gewesen sein. Trotzdem bezeugten viele Menschen, sie seien von Agpaoa gesund gemacht worden. Eine mir gut bekannte Ärztin in der Schweiz hat mir überzeugende Beispiele von Heilungen durch Agpaoa berichtet. Die meisten dieser sogenannten Geistchirurgen sind allerdings sehr religiöse und gläubige Menschen mit oft strengen moralischen Grundsätzen. Ich persönlich habe eindrücklich von ihnen profitiert und halte sie in der Mehrzahl nicht für Scharlatane. Und ich weiß von keinem ausgebildeten Arzt oder Wissenschaftler, der so lange so nah diese Geistchirurgen begleitet, beobachtet und bei ihrer Arbeit assistiert hat wie ich. Es sind weder Heilige noch Kurpfuscher, nicht bessere oder schlechtere Menschen als wir. Sie haben nicht versucht, zuerst ihren Charakter zu ändern und alle ihre Probleme zu lösen, bevor sie mit dem Heilen anfingen.

Ihre Einstellung bezüglich des geistigen Heilens und Geldverdienens ist allerdings sehr unterschiedlich. Für die einen ist klar, dass sie ohne persönliche Entschädigung arbeiten, und es gibt nur eine Spendenkasse. Andere haben klare Tarife, die von sehr günstig bis sehr teuer gehen. Ich habe nicht feststellen können, dass die Heilerfolge davon abhängen würden, ob sie viel oder wenig Geld verlangen oder sich auf Spenden beschränken. Der Filipino William Nonog beispielsweise kommt regelmäßig auf Einladung in die Schweiz und verdient hier nach philippinischen Verhältnissen gutes Geld. Er hat sich ein schönes, aber nicht luxuriöses Haus für seine Familie und die Praxis gebaut. Andererseits unterstützt er regelmäßig die Ärmsten unter den Armen mit Nahrung, lässt Schulhäuser bauen und bezahlt Lehrer. Die Geschichte von William Nonog ist besonders interessant. Er berichtet, seine verstorbene Großmutter habe ihn schon in seiner Kindheit besucht und bald davon gesprochen, er müsse Heiler werden. Seine

Mutter habe ihm seine Kontakte mit der Großmutter nicht geglaubt und ihn vor der Heilertätigkeit gewarnt. Tatsächlich habe er nicht Heiler, sondern Taxifahrer werden wollen, aber seine Großmutter und ihr Vater, also sein Urgroßvater, hätten ihm weiterhin zugesetzt. Offenbar hat sich die Situation zugespitzt, sodass er mit etwa sechzehn Jahren einen ernsthaften Selbstmordversuch unternahm. Er schnitt sich nicht nur die Pulsadern durch, sondern stach sich selbst mit einem Messer in eine Niere. Durch den massiven Blutverlust sei er eine Nacht im Koma gelegen. Er habe diese eine Nacht aber subjektiv als hundert Jahre erfahren, die er in kompletter Dunkelheit erlebte. Als er in seinen Körper zurückgekehrt sei, wären seine Großmutter und sein Urgroßvater mit ihm in seinen Körper gekommen. Sie hätten quasi zu dritt darin gewohnt. Nun, das ist eine fantastische Geschichte. Ich versuche nicht, sie zu verstehen.

In Europa habe ich freilich hauptsächlich Menschen angetroffen, die sich wünschten, auf sogenanntem natürlichem Weg heilen zu können. Bei William war es das Gegenteil. Er versuchte, sich dem zu entziehen. Aufs Taxifahren wollte er übrigens nie ganz verzichten. Wenn ihm das Heilen zu viel wird, steigt er in sein Auto und »vergnügt« sich zur Abwechslung in seinem Wunschberuf.

Philippinische Patienten gehen übrigens nicht automatisch zu den Heilern. Wer es sich leisten kann, konsultiert zunächst die in westlicher Medizin ausgebildeten Ärzte. Nur die Ärmsten und diejenigen, die bei der klassischen Medizin keine Hilfe finden, gehen in der Regel zu den Heilern und Geistchirurgen. Dies ist genauso in Brasilien oder Ecuador der Fall, also in Ländern, die nach religiösem und wirtschaftlichem Hintergrund den Philippinen ähnlich sind. Andererseits reisen die Leute aus den Bergen oft einen ganzen Tag und eine Nacht, um sich von William behandeln zu lassen. Kann sein, dass sie dann morgens um drei Uhr bei seinem Haus ankommen und anfangen, recht hörbar zu schwatzen. Sie warten aber geduldig bis acht oder neun Uhr, wenn das Heilen beginnt.

Ein eindrückliches Beispiel für die Behauptung, dass Heilende nicht bessere Menschen sind, wurde mir von Clemens Kuby erzählt. Als er um die Welt reiste, um viele verschiedene Heiler zu filmen, lernte er auch einen Amerikaner kennen. Kuby war aber offenbar von seiner primitiven, machohaften Einstellung und Sprache so angewidert, dass er bald wieder abreiste. Allerdings kontaktierte er danach doch einige seiner Klienten und hörte zu seinem Erstaunen von unwahrscheinlichen Heilerfolgen auch bei schweren körperlichen Erkrankungen. Ich habe Heiler erlebt mit ausgesprochen profiliertem Ego, andere mit Problemen im Umgang mit Alkohol. Aber ich konnte keine klare Beziehung dieser Voraussetzungen zum Heilerfolg feststellen. Für mich gilt deshalb: »Wer Heilung braucht, soll heilen!« Es spielt dabei keine Rolle, ob diese Heiltätigkeit nun in banaler alltäglicher oder in spektakulärer Form ausgeübt wird.

Noch ein weiterer Leitsatz zum spirituellen Heilen gilt für mich; ich habe ihn schon angedeutet. Er stammt von der Heilergemeinschaft »White Eagle«, die ihr Zentrum in England hat, wo die Bewegung durch das Channeln eines verstorbenen Indianers, eben White Eagle, ihren Anfang nahm: Wenn ein gesundheitliches Problem leicht und schnell durch eine medizinische oder chirurgische Maßnahme behoben werden kann, soll man nicht viel Mühe auf geistiges Heilen verwenden! Also weg vom Heroismus. Weg von der mühseligen Überzeugung, es sei spirituell edler oder erfolgreicher, wenn man große Mühe für eine Heilung aufgewendet habe. Man darf sich von der Medizin ja auch etwas Gutes tun oder gar sich verwöhnen lassen. Ist es nicht wunderbar, dass man sich passiv einer Operation überlassen kann, wo die Verantwortung ganz bei den anderen liegt, und nachher ist das Problem in vielen Fällen behoben? Dies erinnert doch ganz an das, was man von Gott erwartet, auch wenn wir armen Ärzte längst von unseren halbgöttlichen Thronen gestoßen wurden. Meistens bleibt ja nach dem Eingriff sowieso noch genug Mühe, die man für die Rehabilitation oder endgültige Heilung auf sich nehmen muss. Ich schreibe dies, da ich schon viel prinzipielle Ablehnung der klassischen Medizin gegenüber erlebt habe, weil man die geistigen Methoden als spiritueller ansah. Das brachte nicht selten auch schädliche Verzögerungen von Diagnosen und Heilmaßnahmen mit sich.

Der große englische Heiler Harry Edwards, den ich nicht mehr persönlich gekannt habe, meinte, eine Voraussetzung zum Heilen sei die tiefe Sehnsucht, Schmerz wegzunehmen und Leid zu lindern, und geeignet sei, wer mit anderen fühlen und ihre Not mitempfinden könne. Ich denke, das stimmt in vielen Fällen sowohl für Ärzte wie für Heiler. Trotzdem sollte man das nicht als Qualitätsmerkmal festlegen. Zum Geistheilen im engeren Sinne meinte Edwards, wenn sie Heilungen gesehen hätten, fühlten einige Leute den Drang zu heilen, und es gelinge ihnen weit über ihre Erwartungen hinaus. Heilen sei etwas Natürliches, und es sei klar, dass diese Leute sich zum Heilen eigneten. Sie seien Heiler in einfacher, ungekünstelter Art. Sie bräuchten keine weitere Technik zu erlernen. Auch bei Edwards habe ich nichts davon gelesen, man müsse zuerst seine eigenen Probleme lösen. Allerdings halte ich eine Ausbildung in irgendeinem therapeutischen Beruf für angebracht, schon weil man viele allgemein gültige Regeln für den Umgang mit Patienten kennenlernt und für die Respektierung von Grenzen sensibilisiert wird.

Wie gesagt, habe ich manche Heiler mit einem sehr kräftigen Ego kennengelernt und andere mit für uns zweifelhaftem Charakter. Die Wichtigkeit eines starken Egos betone ich hier erneut. Trotzdem kann ich nicht ausschließen, dass es für die eigentliche Heiltätigkeit vorteilhaft oder notwendig sein kann, das Ego beiseitezulassen und möglichst mit dem Bewusstsein im geistig-seelischen Bereich zu sein.

Edwards schreibt, die ganze Zeit über müsse der Heiler auf seinen Geistführer und den Patienten eingestellt sein. Man solle das Gefühl erreichen, als ob die Hände dem Patienten gehörten und mit ihm zusammengeschweißt wären. Dann beginne die Heilung. »Der Heiler konzentriert sich nun ganz auf seine Arbeit und denkt nur an die Heilung. Er vergisst sich selbst. Nur seine Hand lebt.« In diese verlege er sein ganzes Sein. Die Hand sei voller Leben. Er fühle sie nicht mehr als Teil von sich, sondern eher als eine geistige Hand im Kontakt mit dem Geistkörper des Patienten. Dies geschehe leicht und natürlich, ohne Anstrengung. Ob dies nur für Harry Edwards persönlich gilt oder eher ein allgemeiner Grundsatz ist, weiß ich nicht. Möglicherweise ist es nicht nur für Heilende, sondern auch für Heilung Suchende beziehungsweise Heilung Empfangende günstig, mehr vom Ego, dem Meister unserer irdischen Person, weg ins Geistige zu gehen für den Heilvorgang. Unser Alltagsverstand oder eben unser Ego bezieht seine Logik aus den alltäglichen Erfahrungen, und die sind in unserer Kultur ihrer Natur nach kausal und rational. Also kann dieses Ego mit seinem Denken in physikalischen Ursache-Wirkungs-Kategorien eigentlich gar nie verstehen und glauben, dass so etwas wie geistiges Heilen möglich sein könnte. Philippinische Heiler sind der Ansicht, es sei schwieriger, westliche Patienten zu heilen als einheimische. William Nonog sagt, die philippinischen Patienten würden anfangen zu beten und sich auf Gott einstellen. Westliche Patienten würden neugierig versuchen zu sehen, was denn geschehe, und allenfalls sich auch fotografieren und filmen lassen. Das könnte wohl ein Unterschied in der Egopräsenz und in der Art des Denkens sein, der den Unterschied in der Heilwirkung beeinflusst.

Ähnlich wie Edwards äußert sich der ebenso große amerikanische Heiler Joel S. Goldsmith in dem empfehlenswerten Buch »Die Kunst der geistigen Heilung«: »Ich sah, dass jeder, der mich aufsuchte, Gott war als individuelles Sein; und diese Wahrheit brachte Harmonie mit sich.« Diese Wahrheit offenbarte die Göttlichkeit ihres Seins und ihres Körpers. Nachdem man diese Wahrheit in sich aufgenommen habe, indem man mit ihr gelebt und sich in ihr geübt habe, indem man jeden Menschen, jedes Tier, jede Pflanze und jeden Stein in der Erkenntnis betrachtet: »Dies ist Gott, der da erscheint als …«, entfalte man jenes heilende Bewusstsein, das den Menschen nie in seiner Menschlichkeit sehe, sondern sofort mit seinem geistigen Bewusstsein in Berührung trete. Man übe sich darin, den Menschen nicht nach seinem Aussehen zu beurteilen, sondern durch seine Augen hindurch, hinter seine Augen zu blicken, in der Erkenntnis, dass dort der Christus Gottes gegenwärtig sei. Man setze sich nur hin in dem Bewusstsein, dass der Geist ein Gefäß zum Empfangen sei – für jene stille, leise Stimme, für das, was »Gott« genannt werde, was die Seele des Menschen sei. »Du verhältst dich vollkommen aufnahmebereit für das, welches dich am Anfang schuf und das um das Geschick jedes Einzelnen weiß. Nimm durch deinen Geist die Wahrheit Gottes wahr, und diese Wahrheit wird das Werk vollbringen, nicht aber dein Geist und nicht deine Gedanken.«

Es gibt auch klare Unterschiede zwischen den beiden berühmten Heilern: Goldsmith meint, man solle frei von jeglichen Gedanken werden, während Edwards rät, man solle nicht versuchen, keine Gedanken zu haben, da dies sowieso unmöglich sei. Ich neige nach meinen Erfahrungen der Meinung von Edwards zu. Doch zeigt sich auch hier, dass Sie frei sind, Ihren eigenen Glauben zu haben, Ihre eigenen Erfahrungen zu machen und Ihren eigenen Weg zu gehen.

# Ehrliche Lügen

Ein weithin als sehr weise bekannter Rabbi hatte einen wissbegierigen Schüler, der eifrig bemüht war, möglichst viel von der Weisheit seines Meisters zu lernen. Eines Tages kam aus einem benachbarten Dorf ein sehr unglücklicher Mann und erzählte eine lange Geschichte, was sich in seinem Dorf ereignet hätte. Er suchte Rat und Unterstützung beim Rabbi, weil er sich von einem Teil der Dorfbewohner ins Unrecht versetzt fühlte und hoffte, der Rabbi würde ihm bestätigen, dass er im Recht sei. Tatsächlich bekräftigte der Rabbi, er habe recht, und der Mann ging getröstet von dannen. Doch nicht lange danach kam ein anderer Bewohner aus demselben Dorf und erzählte die gleiche Geschichte, jedoch in einer gerade gegenteiligen Version. Der Mann war verzweifelt und hoffte auf die moralische Unterstützung des weisen Rabbis. Als er mit seiner Geschichte zu Ende war, sagte der Rabbi zu ihm: »Du hast natürlich recht.« Der Mann verabschiedete sich sichtbar beruhigt und getröstet. Da konnte der Schüler nicht mehr an sich halten. »Rabbi, verehrter Meister«, ereiferte er sich. »Was hast du denn da gemacht? Da erzählt ein Mann eine lange Geschichte, und du gibst ihm zum Schluss recht. Als aber der andere kommt und genau die gegenteilige Version berichtet, gibst du ihm auch recht. Das ist doch ein Widerspruch, das geht doch nicht!?« Da schaute der Rabbi den Schüler freundlich an, lächelte milde und sagte nur: »Ja, da hast du ganz recht!«

So wie dieser Rabbi seine beiden Klienten beraten hat, so würde es fast jedes Medium und jeder Heiler auch tun: recht geben und unterstützen, wo immer möglich. Natürlich würden auch die meisten Psychotherapeuten versuchen, im gleichen Sinne zu antworten. Sagen diese Menschen die Wahrheit, sind sie ehrlich, wenn sie nicht genau sagen, was sie denken? Es ist eine Gratwanderung. Wenn jemand realisiert, dass die beratende Person nicht das sagt, was sie denkt, geht das Vertrauen meist verloren. Man ist außerdem verletzt, weil man sich als unmündig und herablassend behandelt fühlt.

Ärzte können sich beschönigende Antworten in den meisten Fällen heute nicht mehr leisten, wenn es um ernsthafte Erkrankungen geht. Früher war das anders. Sehr gut erinnere ich mich an mein erstes Medizinpraktikum im Spital. Besonders geblieben ist mir die Erinnerung an eine etwas mehr als dreißigjährige hübsche Frau, Mutter von zwei kleinen Kindern, die wegen Krebs operiert wurde. Ich durfte oder musste assistieren, das heißt konzentriert Haken halten und zuschauen und wenn möglich mitdenken. Überdeutlich sind mir die erschrocken aufgerissenen Augen des Operateurs und Chefarztes in Erinnerung, als er in den Bauch hineinsehen konnte. Alles war voll von Tumoren; das hatte man mit den damaligen Methoden der Bildgebung vorher nicht feststellen können. Ohne mehr tun zu können, wurde die Bauchdecke sorgfältig wieder geschlossen.

Die erste Frage der Frau nach dem Erwachen war natürlich, wie es denn mit der Operation gegangen sei. »Gut«, antwortet jeder, der gefragt wurde, dem damaligen Usus entsprechend. Die Frau erholte sich nicht vom Eingriff. Im Gegenteil, sie bekam bald eine gelbe Haut wegen der Lebermetastasen und verlor an Gewicht. Nur der Bauch wurde immer umfangreicher. Immer wieder einmal fragte sie, wie es denn um sie stehe. Mir war jedes Mal wind und weh, wenn ich als Unterassistent sie besuchen musste. Ich war ein schlechter Lügner. Und ich sah in ihrem Gesicht, dass sie mir und selbst dem Chefarzt kein Wort glaubte. Wir, die Patientin eingeschlossen, spielten das Spiel aber bis zum Ende durch, das heißt bis zu ihrem Tode. Es war nach damaliger Auffassung einfach nicht möglich, ihr mit der schonungslosen Wahrheit alle Hoffnung zu nehmen.

Heute haben wir oft die umgekehrte Situation. Manchmal kommen Patienten in verzweifelter Wut oder Trauer, wenn ihnen ein Arzt gesagt hat, sie wären austherapiert. Man könne nichts mehr für sie tun. Sie erwarten von Heilern und Medien dann oft eine andere Antwort, und die wird ihnen dann auch in aller Regel gegeben. Ich habe kaum Heiler oder Medien erlebt, die den Menschen in ähnlich offener Art bei fortgeschrittener nichttherapierbarer Erkrankung ihre tatsächliche Erkenntnis mitteilen, wie dies heute meistens in der Medizin geschieht. Eigentlich möchten ja alle Menschen die volle Wahrheit hören, aber in Extremsituationen eben doch nicht.

Die Art, wie in meiner Studienzeit gegenüber Patienten mit der Wahrheit umgegangen wurde, wäre heute für Ärzte und Spitäler undenkbar. Aus Gründen der Therapieentscheidungen, der Haftung, der Verpflichtung gegenüber Krankenkassen, vor allem aber auch aus menschlichen und ethischen Gründen gegenüber den Betroffenen ist es wohl unabdingbar, sich möglichst nahe bei der »objektiven« Wahrheit zu bewegen. Wie die Aussagen dann konkret gemacht werden, ist wieder eine andere Frage. Die Wahrheit zu sagen, man habe keine aussichtsreiche Therapie mehr zur Verfügung, heißt nämlich noch nicht, man müsse den Patienten alle Hoffnung nehmen. Tatsächlich kann eine Statistik sogar stimmen, und trotzdem sagt sie überhaupt nichts aus über den Krankheitsverlauf beim einzelnen Menschen. Wir wissen um die unwahrscheinlichen Heilungen, die jeder Statistik spotten, und das darf man ja den Patienten auch sagen, selbst bei äußerst geringer Wahrscheinlichkeit. Und auch wenn die Ärzte in den letzten Jahrzehnten viel von ihrem Charisma eingebüßt haben, können sie trotzdem auf dieses Heilmittel zurückgreifen und sich ihrer Suggestionskraft bewusst sein. Dieser ärztliche Placeboeffekt, schon seit Längerem auch »Droge Arzt« genannt, ist allgemein bekannt. Aber jede Arzt- oder Heilerperson muss aufpassen, diese Droge weise und sparsam einzusetzen, sonst verliert sie bald ihre Wirksamkeit. Das haben die meisten Mediziner gelernt.

Gute Heiler und Medien haben normalerweise einen großen Vorrat an Charisma, den sie einsetzen können. Nicht alle gehen gleichermaßen klug mit diesem Mittel um. Nicht nur Prognosen bezüglich Krankheiten werden von den Heilern und Medien erwartet. Wann finde ich wieder eine Partnerschaft? Wie sieht der/die neue Freund(in) aus? Soll ich die Freundin aufgeben? Wie wird mein weiteres Leben verlaufen? Was ist mein Auftrag in diesem Dasein? Wer ist mein Schutzengel? Wie geht es meinem verstorbenen Vater? Ist er im Licht? Sollen wir dieses Projekt wagen? Haben meine Blockaden mit einem früheren Leben zu tun? Ist diese Person meine Dualseele? Ist mein Kind ein Indigo- beziehungsweise Kristallkind? Unzählige weitere Fragen, die gestellt werden, könnte ich noch aufzählen. Oft wird angenommen, Hellsichtige würden alles sehen und alles wissen. Ich staune immer wieder, was da alles gefragt wird und wie unkritisch die Antworten oft entgegengenommen werden. Auch deutliche Widersprüche werden meistens akzeptiert. Allerdings kann der Charismafaktor wie erwähnt auch leicht verspielt werden, oder er wird einfach unwirksam. Ich halte es zumindest für unklug, wenn einem schwer kranken Menschen kurz vor Lebensende gesagt wird, er werde wieder gesund. Solche Aussagen haben doch sehr selten eine so starke Wirkung, dass der fortgeschrittene Krankheitsverlauf gewendet wird. Hingegen wird das Vertrauen in die Arbeit von Naturheilern und Medien bei den Angehörigen und allen Menschen erschüttert, die davon hören.

In den siebziger und achtziger Jahren machte die Familientherapeutin Mara Selvini Parazzoli viel von sich reden. Sie hatte in Mailand mit ihrem Team das erste Familientherapiezentrum Italiens gegründet und sich hauptsächlich auf die Behandlung von Anorexie und jungen Schizophrenen konzentriert. In der Regel arbeitete sie mit der gesamten Familie. Eine Person führte das Gespräch, der Rest des Teams beobachtete das Ganze – für die Klienten unsichtbar hinter dem Einwegspiegel – und gab am Schluss, weiterhin nicht sichtbar, Empfehlungen, die oft paradox aufgebaut waren. Mit anderen Worten, es wurde systematisch ein besonders starker Charismafaktor aufgebaut. Der wirkte noch dadurch verstärkt, dass manche Familien eine viele Stunden lang dauernde Anreise hatten. Entsprechend gab es manchmal spektakuläre Resultate. Selvini wurde als »Magierin von Mailand« bezeichnet.

Doch die Methode wurde nicht allzu lange in jener Form beibehalten. Der Charismafaktor war ziemlich schnell verbraucht, als das Procedere und das spezielle Setting publiziert wurden, denn die betroffenen Familien lasen diese Berichte selbstverständlich auch. Besonders peinliche Situationen und Misserfolge wurden erzeugt, wenn therapeutische Newcomer, ohne besonderes Ansehen, die gleichen paradoxen Methoden anzuwenden versuchten. Die Patienten oder Familien empörten sich alsbald über den »Unsinn« oder machten sich über die Therapeuten lustig.

Das Mailänder Setting ist vergleichbar mit dem, in dem sich viele Medien und Heiler bewegen. Wie im Familienberatungszentrum weiß man, dass sich (fast) allwissende Menschen oder Wesen hinter dem Spiegel beziehungsweise hinter dem »Schleier zur geistigen Welt« befinden müssen. Man bekommt das Team aber nicht selbst zu Gesicht, handelt es sich nun um die Psychologengruppe in Mailand oder eine Helfercrew aus der geistigen Welt. Da kann der Erzengel Michael selbst anwesend sein, oder es sind sogar Gespräche mit Gott persönlich möglich. Da steckt ein gewaltiges Potenzial an Charisma drin. Da ist in der Vorstellung der Klienten alles Wissen versammelt über Vergangenheit, Gegenwart und Zukunft nicht nur von den einzelnen Menschen, sondern oft von der ganzen Welt …

Im Kapitel über Hellsichtigkeit habe ich schon das Beispiel von der Großmutter gebracht, der als Jenseitiger sehr viel mehr Autorität zugeschrieben wird, als wenn sie noch lebte. Genau genommen wird diese Autorität dem Medium zugesprochen, dem man glauben muss, was es aus der geistigen Welt oder einfach kraft seiner Hellsichtigkeit vermittelt. Nun, ich kann mir vorstellen, dass es etwas unerfahrene und ungeschickte Verstorbene gibt, die mit uns ebenso ungeschickten Erdenbürgern nicht ohne weiteres deutlich genug kommunizieren können. Und da kann die Hilfe eines Mediums hilfreich sein. Bei Botschaften vom Erzengel Michael persönlich oder von seinen »Vorgesetzten« wäre ich allerdings schon vorsichtiger. Ich würde mich fragen, warum sie sich die Mühe machen, mich über ein Medium zu kontaktieren, wenn sie eine wichtige Botschaft an mich haben. Warum sie nicht einen anderen Weg wählen, beispielsweise über meine Gedanken, meine Intuition, meine Träume oder was auch immer, um mir einen bestimmten Tipp zu geben oder mich auf einen bestimmten Weg zu führen.

Bekannte von mir haben ein Medium aufgesucht, als sie sich mit einem ganz neuen Projekt beschäftigten, das aber auch erhebliche Risiken barg. Sie konsultierten das Medium, um zu fragen, ob sie das Unternehmen wagen sollten. Das Medium wurde aufgeregt und sagte, der Erzengel Michael sei persönlich anwesend.

Das erhöhte natürlich den Charismafaktor ungemein. Als er zustimmend auf das Projekt reagierte, gab es kein Halten mehr. Mit dem kritischen Prüfen der Rahmenbedingungen war es vorbei. Die ganze Lebenssituation musste umgekrempelt werden. Ein völlig neues Leben wurde in Angriff genommen, und sehr, sehr schwere Zeiten folgten. Ob gewöhnlicher Engel oder Erzengel, ich denke, wir überfordern sie, wenn wir ihnen zu viel Spezialwissen über die Erde zuschreiben. Es sind ja Spezialisten für geistige Welten, weniger für die von der Materie geprägten Regeln unseres Erdenlebens. Ob wir die Engel als Teil unseres Bewusstseins ansehen oder als quasi von uns und dem Medium unabhängig, macht dabei keinen großen Unterschied.

Auch ohne die Anwesenheit von geistigen Wesen wird den Medien ein Wissen über die Klienten und ihre Vergangenheit und Zukunft zugetraut, das eigentlich unrealistisch ist. Und wenn die Medien sich dieses Wissen selbst zutrauen und es beispielsweise für Aussagen über die Zukunft verwenden, können durchaus kritische Situationen für ihre Klienten entstehen. Eine mir gut bekannte Frau etwa, die sich mit der Frage beschäftigte, ob sie als Heilerin arbeiten sollte trotz des Widerstands ihres Ehemanns, suchte zur Klärung dieser Frage selbst eine Wahrsagerin auf. Dort wurde sie in ihrem Vorhaben bestärkt; und neben zahlreichen anderen Voraussagen erhielt sie die Mitteilung, ihr Ehemann werde seinen Widerstand zwar nicht aufgeben, aber schließlich sterben, ohne dass es zur Scheidung kommen müsse. Die Frau hatte den Eindruck, zahlreiche Voraussagen würden eintreffen, und rechnete fest damit, der Ehemann werde sterben! Das traf glücklicherweise nicht ein, sie musste aber entgegen aller Erwartung eine sehr schmerzliche Scheidung durchstehen.

Hinter dem Gang zur Wahrsagerin steckt in den meisten Fällen die Annahme, unser Leben sei von Gott oder der »geistigen Welt« vorbestimmt. Ich habe keinerlei Erfahrung, die auch nur in die Nähe eines Beweises für einen solchen Glauben käme. Ich ziehe die Annahme vor, wir hätten die Freiheit, unsere Entscheidungen über unser Leben selbst zu treffen. Das ist für viele Menschen befremdlich, da es im Widerspruch steht zu ihrem spirituellen oder religiösen Weltbild. Da bin ich dankbar, dass die mit mir zusammenarbeitende Anouk Claes keine Aussagen über die Zukunft oder über einen bestimmten Auftrag aus der geistigen Welt macht, diese oder jene Aufgabe im Leben zu wählen. Die einen sind enttäuscht, die anderen erleichtert, wenn sie hören, sie hätten die Freiheit, sich selbst für einen Auftrag zu entscheiden, und sie dürften auch jederzeit auf ihre Entscheidungen zurückkommen.

Können uns Hellsichtige dennoch vor Gefahren warnen? Die Frage, ob solche Warnungen, die öfter ausgesprochen werden, Nutzen bringen, ist für mich nicht beantwortet. Ich rate allen Medien zu großer Vorsicht und Zurückhaltung. Nehmen wir an, durch einen Chemieunfall befände sich eine mit den Sinnen nicht wahrnehmbare lebensgefährliche Substanz in der Luft. Selbstverständlich würden wir spontan alle Menschen unaufgefordert warnen. Manche Medien fühlen sich verpflichtet oder verspüren den Wunsch, auch ihre privaten Wahrnehmungen von einem Gegenüber diesem unmittelbar mitzuteilen. Sie haben nicht gelernt, die Privatsphäre eines Menschen zu respektieren, oder sie glauben, ihre Eindrücke seien so wichtig und hilfreich, dass sie sich über ihr besseres Wissen hinwegsetzen. Mindestens sollten sie bei dem betroffenen Menschen anfragen, ob er interessiert sei, von ihrer hellsichtigen Wahrnehmung über ihn zu hören. Sagt er Ja, ist der Weg frei.

Infolge der Missachtung dieser Regeln entsteht nicht selten Schaden bei Klienten oder sogar bei Menschen, mit denen es zu einer zufälligen Begegnung kommt. Da wird auf Leute zugegangen und ihnen gesagt, sie hätten einen Schatten auf ihrer Brust, die Aura sei von fremden Energien verunreinigt – oder überhaupt: Sie seien von fremden Wesen besetzt. Von fremden Wesen oder Energien zu sprechen ist noch erträglicher, als wenn Dämonen genannt werden. Es können schwere Ängste durch solche Aussagen erzeugt werden.

Bezüglich Besetzungen mit fremden Energien und Wesen sind die Ansichten durchaus divergierend. Wo die einen von Besetzungen sprechen, reden die anderen von multipler Persönlichkeit, wieder andere von früheren Leben, die als eigenständiges Bewusstsein wieder auftauchen würden.

Wenn es den Menschen Ruhe bringt, von einem Medium zu erfahren, dass es ihrem Verstorbenen gut gehe, sei ihnen diese Frage nicht verwehrt. Allerdings sollten sie nicht erwarten, sie würden eine andere Antwort erhalten. Ein gewissenhaftes Medium wird seine Klienten nicht in Unruhe und Besorgnis stürzen, indem es etwa sagt, die angehörige Person sei im »Dunkeln«. »Dunkel« oder »hell« sind ohnehin Kategorien aus unserer diesseitigen Welt. Sie sind Ausdruck unserer Glaubenskonzepte und haben kaum mit möglichen Bewusstseinsformen ohne materielle Grundlage zu tun.

Wer Mühe hat, diesen Gedanken anzunehmen, weil er so viel anderes gehört hat, der stelle sich nur einmal vor, wie die Engel in den geistigen Reichen Schatten werfen. Hat jemand bei den Engeln oder Geistführern schon mal Schatten gesehen? Wenn ja, wie lang waren diese denn und auf welche Seite wurden sie geworfen? Lange Schatten am Morgen gegen Westen, kurze Schatten am Mittag oder lange Schatten am Abend gegen Osten? Ich denke, Sie sind mit mir einig: Sie haben keine Schatten, weil es in diesen geistigen Reichen keine Materie gibt, weil das Licht nicht aus einer Richtung kommt und auch nicht wandert wie scheinbar die Sonne um die Erde. Warum sollte es also Dunkelheit und Helligkeit geben? Warum sollten unsere Verstorbenen dunkel oder hell sein? Sie sind es nur, wenn wir es so glauben. Es sind unsere Projektionen, die wir aus unserer polaren Welt in immaterielle Bewusstseinsreiche projizieren. Bei uns gibt es Hell und Dunkel, Gut und Böse – und was wir sonst noch an Gegensätzen kennen.

Ich habe bereits geschrieben, der spirituelle Segen der Naturwissenschaften liege darin, dass sie uns ermöglichen, uns auf eine Wahrheit als ziemlich allgemein gültig zu einigen. Diese Wahrheiten sind so definiert. Man muss die Handlungen mit den gleichen Resultaten überall auf der Welt durchführen können. Diese Wissenschaften gewinnen ihre Wahrheit durch die allgemeine Anerkennung und Übereinstimmung. Die Geschichte zeigt eindrücklich, dass auch die naturwissenschaftlichen Erkenntnisse keine ewigen Wahrheiten sind. Sie werden dauernder Prüfung unterzogen, und mit dem Wandel des Bewusstseins ändert sich auch die Wahrheit. Besonders starke Wahrheitsumwälzungen hat es zu den Zeiten von Kepler und Galilei gegeben und wohl noch stärkere durch die Entwicklung der Relativitätstheorie und der Quantenphysik am Anfang des zwanzigsten Jahrhunderts.

Die allgemeine Anerkennung einer Wahrheit kann durchaus ihre Tücken haben, weil immer einige sich nicht daran halten. Denken wir an die Evolutionstheorie und ihre Anfeindung zuerst durch die Kirchen, jetzt durch die Kreationisten. Aber auch in viel kleinerem Rahmen sind die Übereinkommen, was gilt, nicht immer eindeutig. Einige osteuropäische Länder konnten sich zum Beispiel schon lange vor dem Zusammenbruch der Sowjetunion für Touristen westlicher Länder öffnen. Ein deutscher Besucher flog nach Budapest und mietete ein Taxi. Er wurde mehr und mehr nervös, weil der Fahrer wirklich jedes Rotlicht überfuhr. Vollends verwirrt war er, als dieser vor einer grünen Ampel anhielt. Zum Glück verstand der Taxifahrer recht gut Deutsch. »Fahren Sie doch!«, presste der westliche Gast sichtlich gereizt hervor. »Sind Sie lebensmüde?«, antwortete der Taxifahrer. »Jetzt haben die anderen Rot, und da fahren alle noch schnell durch.«

# Gottes Söhne

**Für meinen Vater**

Das Faszinierende am Verrat des Judas ist wie gesagt seine Notwendigkeit im neutestamentlichen Handlungsablauf. Die kunstvolle Dramatik vom Opfertod Jesu wird auch von modernen Drehbuch- und Krimiautoren kaum übertroffen: Gott hatte sich in eine Sackgasse hineinmanövriert. Die PR-Schlacht um Adam und Eva im Paradies war mit deutlichen Vorteilen für seinen Gegenspieler Luzifer ausgegangen. Sein wichtiger Gesandter Moses und dessen Nachfolger, denen er einen Großteil seiner Gebote suggerieren konnte, hatten ein Israel geschaffen, das entgegen den Erwartungen kein Weltreich geworden war, aber in ständigem Streit mit Weltmächten wie Ägypten, Babylon oder Rom stand. Zwar hatten seine irdischen Deputierten, die Priester, Pharisäer und Schriftgelehrten, das kleine Völklein mit den großen Ambitionen einigermaßen im Griff. Doch seine Konkurrenten aus dem römischen Vielgötterhimmel hatten in seinem Stammland Fuß gefasst. Der religiöse Übernahmekampf war schon in Sichtweite, und von einer Fusion mit dem deutlich lustvolleren Konzept der vielen Götter aus Rom konnte sich Jahwe nichts Gutes versprechen. Außerdem wollte er von seinem Image des eifersüchtigen und machthungrigen Herrschergottes abrücken, das er früher gepflegt hatte.

Eine neue PR-Kampagne war angesagt. Eine geniale Idee schien, seinen eigenen Sohn als Werbeträger zu promoten, der das von Moses geprägte Gottesbild modernisieren sollte. Doch die Sache lief nicht wunschgemäß. Jahwes gut organisiertes Bodenpersonal, die Priester und Pharisäer, wollten von einer Modernisierung nichts wissen. Sie hassten das neue Leitbild, das Jesus ihnen schmackhaft machen wollte. Sie hielten nicht viel von modernistischer Qualitätsverbesserung wie Abschaffung der Steinigung oder Relativierung der mosaischen Gesetze durch das Leitbild der Liebe. Kurz, die etablierte irdische Gottescrew und der neue Werbeträger lagen sich dauernd in den Haaren. Es drohte ein langes, zerstörerisches Rivalisieren mit den entsprechenden Imageschäden.

Jahwe sah einen Ausweg. Es ging darum, seinen neuen Botschafter Jesus aus der Schusslinie zu nehmen, ohne die ganze Kampagne scheitern zu lassen. Bei den schrecklichen Ängsten der Menschen vor dem Sterben, die er zur Festigung seiner Macht früher mit Höllendrohungen verstärkt hatte, war die Überwindung des Todes die ultimative Werbebotschaft. Doch sein Gesandter würde diese Botschaft nur überzeugend zu den Menschen bringen können, wenn er selbst den Todesprozess durchgemacht hätte. Also musste er zuerst sterben, um den Tod überwinden zu können. Selbstmord aber hätte der ganzen Kampagne geschadet und seine Stellung geschwächt, da er es ja war, der das Selbstmordverbot erlassen hatte. Also musste Gottes Sohn sterben, ohne Suizid zu begehen. Er musste umgebracht werden.

Jesus verstand es gut, seine Widersacher bis aufs Blut zu reizen und sie zu Todfeinden zu machen. Doch eine wirklich gelungene Dramaturgie brauchte einen Verräter aus dem intimsten Vertrautenkreis. Ernsthaft in die engere Wahl kamen nur seine zwölf Jünger. Eine Frau hätte das ganze Unternehmen ins Lächerliche gezogen. Außerdem waren Frauen damals sowieso diskriminiert. Solch eine Geschichte hätte sie zusätzlich dämonisiert.

Als Jesus diese Gedanken seines göttlichen Vaters in sich wahrnehmen konnte, gab er sie alsbald an seine Jünger weiter. Große Betroffenheit machte sich breit. Zuerst meldete sich Johannes. »Ich bin dein Lieblingsjünger, das wäre doch wirklich allzu krass«, meinte er. Petrus hingegen argumentierte, er sei ja als sein und seines Vaters Stellvertreter auf Erden vorgesehen, er, der Fels, könne nicht gleichzeitig der Verräter sein. Jeder fand irgendeinen Grund, um seine eigene Wichtigkeit zu betonen, die ihn als Verräter nicht infrage kommen ließ.

»Wollt ihr alle meinen Auftrag verraten und mich in meiner schweren Aufgabe allein lassen? Will niemand mein Verräter sein?«, beklagte sich Jesus.

Die Jünger wollten ihn überzeugen, man könne diesen Part ohne Schaden auslassen. Die Priesterkaste würde ihn auf jeden Fall finden und umbringen. Doch Jesus blieb fest: »Die Schrift muss erfüllt werden.« Er würde nicht nachgeben, bis einer der Jünger bereit wäre, die Verräterrolle zu übernehmen. »Einer von euch wird mich verraten!«, sagte er kurz und klar. Ratlosigkeit und Betrübnis machten sich breit.

Judas hatte bis dahin geschwiegen. Er war nicht sonderlich geachtet im Kreis. Dass er die Kasse führte, minderte sowieso schon seinen Status. Verglichen mit den Auserwählten wie Johannes oder Petrus, war er eine graue Maus. Sein Selbstbewusstsein war nicht groß genug, als dass er sich hätte vorstellen können, in Gottes Plan diese Schlüsselrolle zu übernehmen. Elf geliebte und treue Jünger waren auserwählt, doch irgendwie austauschbar. Aber nur ein Verräter war vorgesehen. Würde dieser abspringen oder versagen, wäre das ganze Erlösungswerk gefährdet, und das Drama könnte nicht nach den Prophezeiungen zu Ende geführt werden. So hatte Judas die Worte seines Meisters verstanden. Aber er, der sich noch nie hervorgetan hatte, außer dass er sorgfältig die Kasse verwaltete? Er, der zu schüchtern war, um Jesus zu fragen, ob er wie die anderen von ihm geliebt sei? Er, der kaum einen Priester oder Pharisäer anzuschauen wagte, wenn wieder ein Streit im Gange war? Wäre er überhaupt fähig, die Rolle des Verräters erfolgreich auszuführen?

Doch während Judas so hin und her dachte, spürte er plötzlich die Augen des Meisters auf sich. Judas wagte kaum, den hoffnungsvollen Blick seines geliebten Herrn zu erwidern. Aber urplötzlich spürte er: »Ja, ich tue es für *dich,* mein innigst geliebter Jesus! Ich tue es für das Erlösungswerk von dir und deinem Vater. Es ist der einzige wirkliche Dienst, den ich in dieser Gemeinschaft vollbringen kann. Nur wenn ich bereit bin, der Verräter zu sein, kann Jesus zum Christus werden; und alle meine elf Kollegen können in ihrer Heiligkeit erstrahlen. Für *ihn* bin ich bereit für die Rolle des Bösen, bereit für die Rolle des Verräters«, jubelte es in ihm.

Er ahnte zwar, er würde viel Hass auf sich ziehen. Doch er war überzeugt, der himmlische Vater, an den er durch Jesus richtig zu glauben angefangen hatte, würde die schützende Hand über ihn halten. Aber noch war Unsicherheit in ihm. »Bin ich's, Rabbi?«, fragte er. »Du bist es!«, bestätigte Jesus, der wieder Mut gefasst hatte, ganz erleichtert. In des Judas Herzen explodierte die Liebe für seinen Meister. Jesus sagte nur: »Was du tust, das tue bald!«

Die anderen Jünger hatten gar nicht so richtig mitbekommen, was zwischen den beiden gelaufen war. Sie waren überzeugt, wer den Meister verrate, müsse zuerst vom Teufel besessen werden. Doch Jesus brach ein Stück vom Abendmahlsbrot, tauchte es in die Schüssel und gab es dem Judas: »Ich habe dich immer genau so geliebt wie die anderen. Du konntest es nur nicht glauben, weil du dich selbst nicht geliebt hast. Weil du doch noch an den richtenden Herrschergott glaubtest, konntest du dein Herz nicht wirklich öffnen und die Liebe strahlen lassen. Doch deine Bereitschaft, die Rolle des Bösen auf dich zu nehmen und von den Menschen ausgestoßen zu sein, zeigt die Liebeskraft in dir. Sie übertrifft an Stärke die aller Heiligen und Asketen, die immer die Liebe und die Verehrung der Menschen als Belohnung erhalten, die immer zu den Gerechten Gottes gehören. Du wirst nicht zu den Gerechten vor den Menschen gehören, aber zu den Liebenden. Du hast mich besser verstanden als die meisten anderen. Wir sind vor den Menschen sehr verschieden, aber im Herzen am ähnlichsten. Du bist bereit für den Himmel!«

Judas war wie in Trance. Er versuchte, seine Angst vor den Priestern zu überwinden, und machte sich auf. »Ich tue es für *ihn*, ich tue es für *ihn*«, musste er sich auf dem ganzen Weg sagen, damit er nicht wieder angstvoll umkehrte. Irgendwie wurde ihm noch klar, dass er für die Geschichtsbücher einen glaubhaften Grund für seinen Verrat finden musste. »Ich kann ihn verkaufen, ich bin ja sowieso der Kassenwart«, dachte er bei sich, und schon war sein Entschluss gefasst. Er wollte ein glaubwürdiger Verräter sein. Wie im Traum hörte er sich keck zum Hohepriester sagen: »Ich verrate ihn nur, wenn ihr mir dreißig Silberlinge bezahlt.« Das Geschäft war gemacht.

Nachdem Jesus im Garten aufgespürt war, fand Judas wie selbstverständlich den Mut, ihn zu küssen. Wie lange hatte er sich nach solch einem Kuss gesehnt! Etwas, was für die anderen Jünger selbstverständlich war, nämlich den Meister zu küssen, hatte er bisher nie gewagt.

Obwohl Judas Kassenwart war, hatte er sich nie sehr viel aus Geld gemacht. Nach Jesu Verhaftung gab er den Priestern die Silberlinge zurück. Er hatte die Rolle von Anfang an nicht des Geldes wegen übernommen, sondern für seinen Meister, für das Erlösungswerk. Doch als er allein war, begannen ihn wieder Zweifel zu beschleichen. Er war immer der Geringste unter den Aposteln gewesen. War er wirklich für diese Rolle gewählt worden? Hatte er Jesu Bitte richtig verstanden? War denn das Böse wirklich notwendig, damit das Gute leuchten konnte, wie Jesus ihm erklärt hatte? Seine Zweifel drohten sein Herz wieder zu verdunkeln. Doch dann brach die Liebe zu seinem Meister noch stärker wieder durch, als er hörte, dieser sei am Kreuz gestorben. Aber auch seine Sehnsucht und seine Not brannten in ihm.

»Jesus! Jesus!«, rief er. »Ich habe nur noch dich. Ich bin von allen verachtet und gehasst. Ich weiß nicht, ob ich die Rolle des teuflischen Bösewichts auf dieser Erde noch länger durchhalte. Ich habe mir zu viel zugemutet, als ich auf deine Bitte hin einwilligte. Ich war gar nie stark, ich war immer feige!« Der Schmerz war übermächtig. Judas glaubte, innerlich zu verbrennen. Überall war Schmerz, im Herzen, im Bauch, im Kopf, in den Gliedern. Er hatte nicht mehr die Kraft, sich auch nur ein bisschen dagegen zu wehren.

Doch dann glaubte er, des Meisters Stimme zu vernehmen. Er hörte wieder die Worte, die Jesus ihm beim Abendmahl gesagt hatte. Er werde nicht zu den Gerechten gehören, aber zu den Liebenden. Er habe ihn, den Meister, besser verstanden als die meisten anderen. Sie wären vor den Menschen verschieden, aber im Herzen am ähnlichsten. »Du bist bereit für den Himmel. Du bist bereit für den Himmel. Du bist bereit für den Himmel«, hörte er unablässig des geliebten Meisters Stimme. Alles wurde gleißend hell. Der Schmerz war weg. Alles in ihm war voller Licht. Alle Angst war gewichen. Er entknotete den Strick um sein Gewand und befestigte ihn am nächsten Baum. Seinen Kopf in die Schlinge zu stecken, kostete ihn nochmals Überwindung. Doch das Licht und die Sehnsucht waren unermesslich! Es gelang!

Petrus hatte ja damals seinen krisensicheren Job an der Himmelstür noch nicht angetreten. Judas kam direkt vor des Vaters Thron. Dieser lächelte ihn gütig an und sagte nur: »Kommst du endlich. Mein anderer Sohn ist schon eine Weile hier.« Erst da bemerkte Judas, dass das, was er für eine Sonne gehalten hatte, sein geliebter Meister Jesus war.

# Zum Autor

PD Dr. med. Jakob Bösch arbeitete nach dem Medizinstudium in der Hirnforschung und anschließend zehn Jahre an der Psychiatrischen Poliklinik am Universitätsspital Zürich. Er gründete in der Schweiz die ersten Selbsthilfegruppen für Gesundheitsprobleme und ergriff in der Stadt Zürich die Initiative zum Aufbau von Nachbarschaftshilfe, die heute in der Mehrzahl der Quartiere etabliert ist.

Von 1991 bis 2005 war er Chefarzt der Externen Psychiatrischen Dienste Baselland und unterrichtete an der Universität Basel Psychiatrie, Psychotherapie und Psychosomatik und beschäftigte sich andererseits intensiv mit alternativen Behandlungsmethoden, insbesondere mit der Integration von geistigem Heilen in die Schulmedizin. Jakob Bösch ist Preisträger der Schweizerischen Gesellschaft für Psychiatrie, des Schweizerischen Verbandes für Natürliches Heilen und der Schweizerischen Vereinigung für Parapsychologie.

www.jakobboesch.ch

Von Jakob Bösch bereits erschienen:

**Spirituelles Heilen und Schulmedizin**
Eine Wissenschaft am Neuanfang

**Versöhnen und Heilen**
Spiritualität, Wissenschaft und Wirtschaft im Einklang